토요타에서 배운

종이 한 장으로
요약하는 기술

토요타에서 배운

종이 한 장으로
요약하는 기술

1
page

아사다 스구루 지음   서경원 옮김

시사일본어사

머릿속 생각을 한눈에 보이게 만드는 업무 스킬

한일산업기술협력재단 연구위원
이우광

당신이 회사원이라면 상사로부터 보고서를 한 장으로 요약하라는 말을 자주 들었을 것이다. 이 많은 분량의 보고서를 어떻게 한 장으로 요약하란 말인가! 말은 쉽지만 실제로 한 장으로 요약하는 일은 쉬운 일이 아니다. "이것도 중요하고, 저것도 중요한데! 그럼 어디 당신이 한 번 해봐!"라는 말이 목구멍까지 나온 경험도 있을 것이다.

하지만 많은 초일류기업들이 이를 실천하고 있다. 규모가 큰 글로벌 기업일수록 보고서는 짧게 쓴다. 바쁜 경영자들이 짧은 시간 내에 의사결정을 내려야 하기 때문이다. 소프트뱅크 손정의 사장에게 사업계획서 결재를 받으려면 10초 안에 알아볼 수 있는 한 장짜리 보고서로 화장실 앞에서 기다렸다가 가부를 판정받는다는 일화는 유명하다. 개인에게는 요약된 한 장짜리 보고서를 잘 쓸 수 있는가가 출세와 직결된다고 해도 과언이 아닐 것이다.

토요타자동차주식회사(이하 토요타)에서는 일부 유능한 사원들만 한 장짜리 보고서를 만드는 것이 아니라, 30만 명이 넘는 전 사원이 모든 자료는 한 장으로 만들어야 한다니 놀라지 않을 수 없다. 토요타 직원들은 모두 A3나 A4 한 장짜리 자료만 지참하고 회의에 참석한다고 한다. 1970년대부터 한 장짜리 보고서로 의사소통하는 기업문화가 정착되기 시작한 결과다. 토요타 아키오 사장은 3초 만에 의사결정을 내린다고 한다. 한 장짜리 보고서가 기업문화로 정착되었기 때문에 가능한 것이다. 토요타에서는 신입사원 연수 때 한 장짜리 보고서 작성법을 가르친다고 하니 과연 세계 초일류기업다운 기업문화다.

사실 토요타는 20세기 후반 '토요타생산시스템(TPS)'이라는 독특한 생산방식을 창안하여 포드생산시스템에 안주하던 미국 자동차기업들을 궁지로 몰아넣었다. 우리가 잘 아는 '소집단 활동', 'Just in time', '간판방식', '5why'와 같은 것들이 TPS의 핵심 경영기법들이다. 1950년대에서야 겨우 독자적인 엔진 개발이 가능했던 기업이 어떻게 이처럼 단기간에 세계 제1의 자동차 기업으로 우뚝 설 수 있었을까? 이런 궁금증 때문에 TPS나 'Just in time', '간판방식' 등에 대한 연구는 수없이 많았다. 그러나 이러한 경영기법들이 태생하게 된 배경이나 과정, 기업문화에 대한 언급은 그간 별로 없었다. 과연 토요타는 어떤 과정과 기업문화를 통해 TPS를 만들어 나갔는지에 대한 힌트를 주는 책이 바로《토요타에서 배운 종이 한 장으로 요약하는 기술》이라는 생각이 든다. 즉 토요타의 일하는 방식에 관해 장기간 토요타에서 근무한 경험이 있는 저자의 주장은 설득력이 있다. 일본에서 15만 부 이상이나 팔린 것도 이 책의 효용성을 입증해준다.

그럼 한 장짜리 서류는 도대체 어떤 효용을 가져다줄까? 저자는 잘 요약된 한 장의 서류는 단순히 정보를 보여주는 서류가 아니라 "살아 움직이는 한 장의 서류"로 변신한다는 것이다. 업무를 원활하게 진행시킬 뿐만 아니라, 회의 때 효율적인 대화를 유도하는 도구가 되어 업무의 퍼포먼스를 최대치로 끌어올려준다. 당연히 야근시간도 획기적으로 감소시켜준다는 것이다. 저자는 연간 야근 400시간이던 것이 거의 제로가 되었다고 한다.

한 장 서류 작성법

그럼 한 장짜리 서류는 어떻게 만들어야 할까? 읽고 알 수 있는 것이 아니라 보고 알 수 있도록 만들어야 한다. ①한눈으로 전체가 보이는 일람성, ②틀(프레임), ③틀마다 제목(타이틀)이 붙어 있어야 한다는 3가지 요건을 갖추어야 한다. 그리고 저자는 토요타의 수없이 많은 한 장짜리 보고서를 관찰해본 결과, 보고서에는 공통적으로 ①목적, ②현상, ③과제, ④대책, ⑤스케줄이 담겨 있다고 말한다. 고민에 고민을 거듭하여 불필요한 군살은 모두 걷어내고 5개의 구조가 담긴 눈에 들어오는 한 장짜리 보고서를 작성해야 한다는 것이다.

이 책의 내용을 한마디로 요약하자면 "생각을 정리하는 기술에 익숙해지고 전달하는 능력이 강화되는 책"이라 말할 수 있다. 그리고 이 책의 특징은 독자도 바로 행동으로 옮길 수 있도록 쓰여졌다는 점이다. 자신의 뜻이 상사에게 정확하게 전달되지 않아 곤란했던 경험이 많았던 사람이라면 이 토요타의 한 장 작성법은 최적화된 전달수단이 되어줄 것이다.

토요타의 한 장 보고서가 우리에게 주는 시사점은 회사의 일부 유능한 직원만이 이 기법을 활용하는 것이 아니라 전 직원이 이를 실천하고 있고 또 회사는 직원들에게 이를 학습시키고 있다는 점이다. 토요타가 어떻게 최상의 효율을 달성하는 기업이 되었는지를 알게 해주는 유용한 책임에 틀림없다.

단 '한 장'의 종이로 일이 극적으로 바뀐다!

"아사다 군, 자네가 만든 보고서 말인데 아주 잘 만들었더군. 내일이라도 당장 대표님께 보여드릴 생각이야."

그렇게 말하며 상사는 내가 만든 한 장의 보고서를 다시 건네주었다. 이는 내가 20대였을 때 토요타에서 근무하며 있었던 일이다. 이 말을 듣고 당시 나는 깜짝 놀랄 수밖에 없었다. 왜냐하면 당시 신입사원이었던 내가 직접 만든 보고서를 보여주는 단계는 과장, 차장, 부장, 상무 정도로 아무리 큰 안건이라도 전무 정도까지였기 때문이다. 하지만 다음날, 이 보고서는 실제로 대표에게 보고가 되었고 그것을 계기로 내 업무는 하나의 큰 프로젝트로 발전되었다. 내가 만든 단 한 장의 보고서가 내 손을 떠나 마치 살아 있는 생물처럼 혼자서 걷기 시작하더니 거대한 조직 속에서 척척 일을 발전시켜갔다. 이처럼 세밀하게 갈고닦은 보고서를 작성하면 한 장의 종이가 '혼자서 걷는다'는 것은 토요타 근무 시절에 내가 몸소 배운 것 중 하나다. 나는 이 보고서 한 장이 계기가 되어 나중에 내가 맡은 일이 국내 최고라는 평가를 받게 되는, 생각지도 못한 실적을 올릴 수 있게 되었다.

그렇다면 어떻게 내가 만든 보고서가 이와 같은 실적으로 연결될 수 있었을까?

여러 이유를 들 수 있겠지만 일반 보고서와 다른 가장 큰 특징은 내가 작성한 보고서는 종이 한 장으로 정리되어 있었기 때문이다. 내가 준비한 보고서는 시간을 들여 곰곰이 읽은 후에야 비로소 이해할 수 있는 것이 아니라 단시간에 '보고' 내용을 바로 파악할 수 있도록 구성되어 있었다. 일의 평가 재료가 되는 현재 업무 상태나 과제, 대책 등 중요한 포인트에 대해 충분히 고민한 후에 필요 없는 군살을 전부 없앤 단순한 표현만을 사용했고, 또 그것들이 한눈에 들어오도록 레이아웃되어 있었다.

내가 만든 보고서에 대해 자화자찬하고자 하는 게 아니다. 실제로 토요타에서는 모든 업무 서류는 A3 혹은 A4 사이즈 보고서 한 장으로 정리하는 습관이 기업 문화로 자리 잡고 있다. 보고서, 기획서, 회의 자료나 의사록, 회의 때 사용하는 서류, 프레젠테이션 자료, 스케줄 확인용 리스트, 고과면담용 서류 등 아무리 복잡한 내용이더라도 모든 서류는 원칙적으로 '종이 보고서 한 장'으로 만든다. 따라서 앞서 언급한 보고서를 만들 때도 나는 토요타의 업무 습관을 따른 것뿐이다. 일의 방향성이 결정된 후에도 매일 한 장의 보고서를 작성하며 사내 커뮤니케이션을 도모했다.

정확하게 세고 있었던 것은 아니지만 토요타에서 내가 작성했던 한 장의 수는 적어도 어림잡아 1천 장 이상, 다른 사람이 작성한 것을 보고 연구한 숫자까지 합치면 3천 장 이상은 될 것이다. 그리고 이 서류 한 장이 어떻게 일의 질과 효율을 높여가는지 생생히 실감할 수 있었다.

깊이 생각하고 만들어진 한 장은 '살아 움직이는' 한 장이 된다

종이 한 장으로 요약하는 기술을 구사함으로써 일이 원활하게 진행될 뿐만 아니라 한때 연간 400시간을 넘었던 야근시간도 거의 제로로 만들 수 있었다. 또한 입사 4년째에는 미국으로 부임하는 기회도 얻었다.

한 장으로 받은 혜택은 그것만이 아니다. 회의 때는 회의를 효율적으로 진행시키는 데 도움이 되었고, 신입사원 시절에는 한 장으로 일의 진행방식을 배웠다. 자세한 것은 앞으로 설명하겠지만 한 장의 서류가 여러 가지 업무에서 멋진 퍼포먼스를 발휘해주었다.

이것은 토요타라는 기업에만 한정된 것이 아니라 다른 여러 상황에서도 응용할 수 있는 방법이다. 아무리 복잡한 내용의 기획서, 보고서, 회의 의사록, 프레젠테이션 자료, 일의 스케줄, 진행관리 등도 종이 한 장으로 요약하도록 만든다. 이렇게 하면 일의 질과 효율 모두 비약적으로 올라가는 것을 실감할 수 있을 것이다.

누구나 일을 할 때 자신이 생각한 것을 효율적으로 요약하거나 전달했으면 좋겠다고 생각할 것이다.

상사로부터 "새로운 기획을 생각해봐", "회의 내용을 요약해", "프레젠테이션 준비를 해둬" 등의 지시를 받았다고 하자. 나름대로 고민하고 의견을 짜내 그럭저럭 보고서로 작성했지만 시간을 들여 고생한 것에 비해선 결과가 신통치 않았던 경험은 없는가? 현재 하고 있는 업무를 한 장으로 요약하기 위해서는 내용을 정리하고 그 정리한 내용을 기초로 생각을 요약하는 기본 과정이 필요하다. 또한 서류 한 장을 최종적으로 '살아 움직이는 한 장'으로 만들기 위해서는 전달하는 작업도 중요하다. 서류 작성뿐만 아니라 필요한 정보를 '정리하고', '생각을 요약하며', '전달하는' 과정은 업무에 있어 특히 중요한 부분이다. 이 과정들이야말로 때로는 가장 시간이 걸리고 어려운 부분이기도 하다.

토요타에 입사하고 내가 가장 곤란했을 때는 "조금 전 회의 안건, 어떻게 하면 좋을지 생각해보고 한 장으로 요약해둬"라는 말을 상사에게 들었을 때였다.

'뭐? 생각하라니 도대체 무엇을 어떤 식으로 생각하면 되는 거지? 한 장으로 요약하라니 어떻게 하는 거야? 좀 더 구체적으로 가르쳐주면 좋겠는데….'

속으로는 이렇게 생각하지만, 물론 상사를 앞에 두고 소리내어 말할 수는 없었다. 설령 용기를 내어 말했더라도 "스스로 생각해봐"라는 한 마디로 끝나버렸을 것이다.

그렇다. 토요타에는 모든 서류를 한 장으로 요약하는 업무 습관은 있어도 이를 "어떤 식으로 요약하는가?"에 대한 상세한 매뉴얼은 없었다. "(한 장으로) 요약해"라는 지시는 받지만 그 방식은 직원 개개인에게 전적으로 맡겨져 있다. 신입사원은 입사 후 가장 먼저 토요타의 문제해결 기법과 그 결과를 A3 한 장으로 요약하는 연수를 받지만, 그 방식을 매일 작성하는 다른 보고서 작성에 응용할 수 있는 것은 아니다. 나도 상사로부터 "한 장으로 요약해둬"라는 지시를 받으면 과거에 선배 사원들이 만든 한 장을 참고로 시행착오를 겪기도 하고, 상사에게 빨간펜으로 첨삭을 받으면서 작성했다. 그리고 이러한 경험이 쌓여 내 나름대로의 작성법을 익힐 수 있었다.

업무에 필요한 정보를 정리하고 생각을 요약, 전달하는 데 많은 사람들이 어렵게 느끼고 시간이 걸리는 이유는 애초에 그 방식을 배우지 못했기 때문이다. 지시하는 입장에서는 쉽게 "생각해둬", "요약해봐", "이해하기 쉽게 가르쳐줘"라고 말하지만 구체적으로 어떻게 하면 좋을지는 가르쳐주지 않는다. 그래서 그 노하우를 많은 사람들에게 전달하기 위해 이 책을 출간하게 되었다.

토요타를 퇴직한 후 바로 독립한 것은 아니다. 토요타를 퇴직한 후 그로 비스라는 MBA를 취득할 수 있는 비즈니스 스쿨로 전직했다. 이곳에서 강사로 활동하며 토요타에서 체험하며 배운 것을 활용해 가르치는 경력을 쌓고 싶었기 때문이다. 다만 결과적으로는 반 년 정도 만에 퇴직하고 독립할 것을 결심했다. 그리고 비즈니스 스쿨에서 배운 프레임워크, 세미나나 책에서 가르쳐준 여러 가지 노트 정리 기술이나 생각 정리법, 아울러 코칭이나 상담 등을 총동원해 토요타에서 일하는 사람들이 매일 하고 있는 한 장으로 요약하는 방법에 대해 연구했다. 그 결과, 누구나 쉽게 할 수 있는 '정보를 정리하고 생각을 요약해 전달하는 기술'을 내 나름대로 정리할 수 있었다. 현재 나는 이 기술을 한 사람이라도 더 많은 사람들에게 알리기 위해 워크숍을 정기적으로 열고 있다. 지금까지 워크숍이나 개별 컨설팅, 연수, 강연 등을 통해 수많은 사람들에게 이 일하는 방식을 직접 가르쳐왔고, 그 결과 이렇게 책을 통해 소개할 수 있게 되었다.

이 책에서는 우선 토요타에서 배운 종이 한 장으로 요약하는 기술이 업무 현장에서 어떤 식으로 도움이 되고 있는지 근무시절의 경험을 바탕으로 소개하겠다. 부디 자신의 업무를 한 장으로 요약하는 것의 놀라움을 실감하는 멋진 경험을 할 수 있기를 바란다.

'정보를 정리한다는 건 구체적으로 어떻게 하는 것인가?'

'생각을 요약하기 위해서는 어떻게 하면 되는가?'

'어떻게 하면 (무엇이) 전달되는가?'

이런 의문들을 한 번이라도 가져본 적이 있는 사람들에게는 반드시 도움이 될 거라 믿는다. 게다가 한 장의 종이와 녹색, 파랑, 빨강의 3색펜만 있으면 누구든 간단히 정보를 정리해 생각을 요약하고 전달하는 능력을 키울 수 있다.

자, 이제 본격적으로 시작해보자!

일러두기_ '토요타' 등 고유명사의 표기는 실제 일본어 발음에 가깝게 표기했다.

종이 한 장으로
요약하는 기술이
왜 필요한가?

01

토요타 사원이라면
회의 때 반드시 하는 것

　사원 앞에 항상 구비되어 있는 한 장의 서류. 토요타에서는 아주 흔한 풍경이다.

　매주 1회, 팀별로 열리는 스케줄 회의 때 상사와 열 명이 넘는 사원 앞에는 팀 전원의 업무 진행상황이 정리된 한 장의 서류가 있다. 상사와의 사소한 협의 때도 팀원은 반드시 한 장의 종이를 지참한다. 몇 시간이 걸리는 주요 회의라도 의사록은 A3, 혹은 A4 종이 한 장뿐이다. 《토요타의 문제해결》이라는 책에도 언급되어 있는 것처럼 여덟 단계를 거치는 토요타의 문제해결 기법의 결과 역시 종이 한 장으로 요약한다(통상 '토요타의 A3 자료'라고 소개되는 서류는 대부분이 이 문제해결을 위한 '한 장'이다. 그러나 실제 토요타에서 한 장은 목적과 내용에 따라 좀 더 다양하다).

토요타에서는 반드시 한 장의 서류를 토대로 업무를 추진한다

기획서

○○부장 　　　　　　　　　○년 △월 X일
　　　　　　　　　　　　　○○○부 ○○○

~의 기획에 대해서

1. 기획의 배경

　∘――――――
　：――――――
　∘――――――

2. 기획의 개요

　∘――――――
　∘――――――

3. 예산 · 발주지 등

　∘
　　①――――――
　　②――――――

4. 스케줄

　∘――――――
　∘――――――
　∘――――――

이상

출장보고서

○○부장 　　　　　　　　　○년 △월 X일
　　　　　　　　　　　　　○○○부 ○○○

싱가폴 출장 보고

1. 출장 목적

　∘――――――
　：――――――

2. 협의 결과

　∘ 안건 1
　　――――――
　∘ 안건 2
　　――――――
　∘ 안건 3
　　――――――

3. 이후의 대응법

　∘――――――
　∘――――――
　：――――――

이상

문제해결

○○부장 　　　　　　　　　　　　　　　　　　○년 △월 X일
　　　　　　　　　　　　　　　　　　　　　　○○○부 ○○○

업무 진행방식 검토에 대해서

1. 문제의 명확화

　∘
　　①――――――
　　②――――――
　∘――――――

2. 현재 상태 파악

과제	문제점	상세
①		
②		
③		

3. 목표의 설정

　∘――――――
　　　　⬇
　――――――

4. 원인 분석

　∘――――――
　∘――――――
　∘――――――

5. 대책 입안

　∘
　　①――――――
　　②――――――
　　③――――――

6. 실시 결과

　∘――――――
　∘――――――

7. 이후의 과제

　∘
　　①――――――
　　②――――――
　　③――――――

이상

"아사다, 이게 무슨 말이야?"

팀원을 부를 때도 상사는 으레 한 장의 서류를 손에 들고 이야기를 시작한다.

이처럼 토요타에서는 무슨 일이든 기본적으로 반드시 '한 장'이 있다.

토요타 한 장만의 세 가지 특징

이들 서류는 언뜻 보기에는 다른 회사나 조직의 일반 서류와 다를 게 없다고 느껴질지 모르지만, 토요타의 한 장에는 다음 세 가지 명확한 특징이 있다.

> ① 한눈에 전체가 보인다 (일람성)
>
> ② 틀이 있다 (틀)
>
> ③ 틀마다 제목이 붙어 있다 (주제)

토요타 근무 당시 이 특징에 대해 직접 배운 것은 아니지만, 3천 장 이상의 한 장을 접하면서 스스로 찾아낸 이 세 가지 특징은 선배 사원들로부터 후배 사원으로 대대로 이어져왔다.

'그렇게 특별한 특징은 아닌 것 같은데?'라고 생각하는 독자가 있을지도 모르겠다. 물론 특별한 특징이 아닐지도 모른다. 그러나 이 세 가지 특징이야말로 토요타의 한 장이 잘 기능하기 위한 중요한 장치다.

02

살아 움직이는 한 장이란?

엉뚱한 예처럼 느껴지겠지만 회사에서 배달 피자를 주문했던 경험에 대해 이야기하겠다.

네 명의 동료와 함께 회의실을 빌려 스터디를 한 날이었다. 스터디는 예상보다 뜨거워져 오후 2시를 넘고 있었다. 모두 배가 고팠지만 흐름을 끊지 않고 스터디를 계속하고 싶어 하는 분위기였다. 회의실에 배달 피자 광고지가 있었는데 메뉴가 A4 사이즈의 앞뒤 종이 한 장에 요약되어 있었다. 하지만 우리는 좀처럼 쉽게 주문할 메뉴를 정할 수 없었다.

네 명이 먹으려면 어느 사이즈를 주문하면 좋을지, 맛의 조합은 어떻게 할지, 토핑은 어느 것이 좋을지 등 생각해야만 하는 요소가 너무 많아 결국 주문 메뉴를 결정하기까지 상당한 시간이 걸렸다. 게다가 우리의 주문

전화를 받은 점원 옆에는 우리가 가지고 있던 것과 똑같은 광고지가 없었기 때문에 열심히 설명을 해도 좀처럼 이해하지 못했다. 시간을 절약해 빨리 먹고 싶었기 때문에 배달 피자로 주문했지만….

애초에 사람들이 배달 피자를 주문할 때는 언제일까? 여러 경우를 예상할 수 있겠지만 밖에 먹으러 가거나 요리할 시간이 없을 때 등, 요컨대 '시간 절약을 위해'라는 사람이 많을 것이다. 이런 사람들에게 도움이 되는 메뉴란 주문하기 쉽고, 시간을 들이지 않고 주문 내용을 간단히 결정할 수 있는 메뉴다. 하지만 우리들이 보고 있던 광고지는 유감스럽게도 그렇게 되어 있지 않았다. 앞뒤 종이 한 장으로 요약되어 있었지만 한눈에 내용을 파악하기 힘들어 별로 도움이 되지 않았다. 더구나 주문을 받는 상대방이 같은 한 장을 보고 있지 않았다는 점도 이 한 장이 제 기능을 하는 데 도움을 주지 못했다.

단순한 종잇조각을 살아 움직이는 한 장으로 바꾸는 법

업무에 관한 정보를 아무리 깔끔히 한 장의 서류로 요약해도 제 기능을 하지 않으면 단순한 종잇조각에 불과하다.

예를 들어 기획서라면 직속상사나 임원, 대표 등에게 진행하라는 결재 사인을 받을 수 있는 내용으로 되어 있어야 그 가치가 있다. 영업 보고서라면 현지에 가지 않은 상사라도 영업 내용을 파악할 수 있는 내용으로 되어 있어야만 한다. 회의 의사록이라면 회의에 출석하지 않은 사람이 읽어도 회의 내용을 파악할 수 있도록, 또한 출석자가 나중에 회의 요점을 명확히 알 수 있도록 만들 필요가 있다.

이처럼 어떤 서류든지 반드시 해야만 하는 역할이 있다. 통과되지 않는 기획서는 몇 백 장을 써도 의미가 없다. 영업 내용을 파악할 수 없는 영업 보고서도 회의의 중요한 포인트를 파악하지 못한 의사록도 의미가 없다.

그렇다면 어떻게 해야 업무에 도움이 되는 한 장, 살아 움직이는 한 장이 될까?

토요타 한 장의 세 가지 특징을 떠올려보자.

자신이 작성한 서류에 다음 세 가지 특징이 들어 있는지 우선 확인해보기 바란다.

① 한눈에 전체가 보인다 (일람성)

② 틀이 있다 (틀)

③ 틀마다 제목이 붙어 있다 (주제)

이 세 요소가 갖추어져 있으면 당신의 서류는 살아 움직이는 한 장이다.

03

최고의 전달법

상대방에게 뭔가를 전달하고 싶을 때 가장 빠르고 효과적인 수단은 말이라고 생각하는 사람이 의외로 많다. "말로 구체적으로 설명하면 틀림없이 상대방에게 잘 전달될 것이다"라고 말이다. 그러나 말보다 단 한 장의 종이가 훨씬 쉽고 간단하게 상대방에게 필요한 정보를 전달할 수 있다.

테마파크에서 누군가 길을 물으면

당신이 지금 사람이 엄청 많은 인기 테마파크에 있는데 모르는 사람이 최신 놀이기구가 어디에 있는지 묻는다고 하자. 만약 당신이 그 장소를 알고 있다면 어떻게 가르쳐줄 것인가? 다음 세 가지 방법 중에서 가장 정확하게 전달될 거라고 생각하는 방법을 골라보자.

① 이전에 왔을 때의 기억에 의지해 말로 설명한다.

② 가지고 있는 지도를 보면서 말로 설명한다.

③ 가지고 있는 지도를 상대에게 보여주며 현 위치와 목적지를 손가락으로 가리키면서 설명한다.

　3번이 상대방에게 가장 정확히 전달될 것 같지 않은가. 게다가 가장 말을 적게 해도 된다. 1번과 2번은 "여기를 곧장 가면 선물을 살 수 있는 가게가 많이 늘어서 있는 곳이 있으니까 그곳을 지나 다음 레스토랑 모퉁이를 왼쪽으로…" 등으로 구구절절 설명해야만 한다. 하지만 3번은 지도를 손가락으로 가리키며 보여주면서 "지금 우리들이 있는 곳은 여기인데 가고 싶은 놀이기구가 있는 곳은 여기예요"라고 말하기만 하면 된다. 이처럼 말이 통하지 않는 외국인이라고 해도 제스처만으로 의사를 전달할 수 있다. 말을 많이 하는 것보다 한 장의 지도를 보여주는 게 훨씬 정확하게, 그리고 빨리 전달된다.

　토요타의 한 장에는 이 지도와 같은 역할이 있다. 읽고 알 수 있는 것이 아니라 보고 알 수 있는 한 장이다. 내용을 설명할 때도 최소한의 말만 하면 된다.

04

종이에 적어보면
'안다'와 '모른다'가 보인다

책을 잠시 옆에 두고 종이와 펜을 준비해보자. 그리고 휴대전화의 안테나 마크를 그려보자. 물론 아무것도 보지 않고 말이다.

과연 얼마나 정확하게 그릴 수 있나? 대부분의 사람들이 휴대전화를 갖고 있어 안테나 마크 모양은 누구나 본 적이 있을 것이다. 그러나 바로 그릴 수는 없었을 것이다. 알고 있지만 의외로 그릴 수 없었다는 사람도 많지 않을까? 그렇다. 실제 손으로 적어보면 정말로 알고 있는지 모르는지, 어느 정도 알고 있는지가 잘 보인다. 다시 말해 어떤 대상에 대한 이해도를 알 수 있다.

토요타의 한 장에도 이와 같은 역할이 있다. 토요타에 입사한 지 얼마 되지 않았을 때였다. 상사에게 "조금 전 회의 내용을 한 장으로 요약해줘"라는 지시를 받았다. 하지만 당시 신입사원이었던 나는 회의 내용을 100퍼센트 완벽히 이해하고 있지는 못했다. 상사는 나에게 완벽하지 않아도 되니까 할 수 있는 데까지 해보라고 했다.

막상 서류에 요약할 내용을 적다보니 생각했던 것보다 더 쓰지 못해 놀랄 수밖에 없었다. 이해하지 못한 부분을 쓸 수 없었던 것은 당연하지만, 알고 있다고 생각했던 부분까지 막상 종이에 적으려고 하니 문장으로 표현되질 않았다. 제대로 쓸 수 있었던 부분은 아주 조금뿐이었다. 이처럼 종이에 직접 적어보는 것만으로 자신이 알고 있는 부분은 어디이며 모르는 부분은 어디인지 한층 더 확실해진다.

힘들게 완성한 한 장의 서류를 내밀자 상사는 빨간펜으로 차례차례 첨삭을 하기 시작했다.

"이 말과 이 말은 같은 의미니까 이건 지워."

"회의에서 이 건에 대한 단점도 들었잖아? 그 부분도 중요하니까 여기에 넣어."

"여기가 가장 중요한 포인트니까 맨 앞으로 옮겨."

이렇게 설명하면서 상사는 보충해야 하는 내용을 빨간펜으로 적으며 서류를 정리해갔다. 눈앞에서 마치 마술이라도 보는 듯했다. 상사에게 빨간 펜으로 첨삭을 받으면서 내 머릿속은 점점 정리되고 명확해졌다.

내가 만든 한 장은 내 머릿속 그 자체였다. 제대로 이해하지 못한 부분은 여실히 드러났다. 또 한 장으로 요약하기 위해 내용을 줄이는 과정에서 정보의 중요도를 올바르게 이해하고 있는지도 알 수 있었다. 올바르게 이해하고 있다면 중요한 정보는 남고 불필요한 정보는 삭제된다. 다시 말해 상사는 내가 작성한 한 장의 서류를 보면서 실은 내 머릿속을 보고 있었다고 할 수 있다. 내가 작성한 한 장의 서류를 보고 이 일에 대해 내가 어디까지 이해하고 있는지, 어디를 모르고 있는지를 체크하고 있었던 것이다.

'보이도록 구체화'라는 토요타의 유명한 말이 있다. 토요타에 근무하면서 이 말의 의미를 가장 실감했던 때는 바로 이 서류 한 장으로 내 머릿속을 '보이도록 구체화'하는 순간이었다.

05

'읽고' 이해하는 것이 아니라
'보고' 이해하는 것으로!

토요타 근무 당시 나의 가장 주요한 업무는 회사 공식 홈페이지 리뉴얼 작업이었다. 2010년 당시 토요타는 대규모 리콜 문제로 힘든 시기를 보내고 있었다. 개선 사항 중 하나로 토요타의 커뮤니케이션 방식이 제기되었고, 홈페이지도 논의주제에 올랐다. "고객과의 효율적인 커뮤니케이션을 위해 홈페이지를 개선해야 한다"는 의견이 사내에서 제기되었던 것이다.

당시의 토요타 홈페이지는 글만 죽 늘어서 있고 전문용어가 많아 일반 고객 입장에서 보면 이해하기 힘든 구조였다. 하지만 구체적으로 어디를 어떻게 고치면 좋을지 해결책은 쉽게 보이지 않았다. 이런 상황에서 나는 상사로부터 "아사다, 홈페이지 리뉴얼에 대해 한 장으로 요약해주게"라는 지시를 받았다. 나는 즉시 경쟁사와 비교하며 자사 홈페이지의 문제점을 찾아내고 대책안을 작성해 한 장의 보고서로 요약했다. 그리고 이 한 장은 최고 경영자에게까지 보고되어 최종적으로는 리뉴얼 승인 사인으로 이어졌다.

결정적인 차이는 '한눈에 파악할 수 있는가 없는가'이다

토요타에서는 직원들이 A3 용지를 늘 옆에 두고 사용한다. 평소 업무에서는 A4 용지를 사용하는 경우가 대부분이지만, 기획서나 스케줄 관리 등 복잡한 안건에 관해서는 상대적으로 보기 좋은 A3 사이즈를 사용한다.

토요타 한 장의 세 가지 특징 중 하나인 '일람성'은 이해하기 쉽게 전달하기 위해 대단히 중요한 포인트다. 예를 들어 지도를 보고 목적지를 찾아갈 때 손쉽게 하기 위해서는 출발지에서 목적지까지의 여정이 한 지면에 보여야 한다. 전체가 보이면 출발지에서 목적지까지의 여정을 한눈에 알 수 있고, 거리감이나 방향감도 파악할 수 있다. 도착시간을 예상할 수도 있다. 하지만 출발지에서 목적지까지의 여정이 몇 장으로 나누어져 있는 지도라면 이런 일들이 애초에 가능하지 않다. "그 다음은 ○○페이지에"라는 식으로 여러 페이지에 지도가 이어져 있다면 일람성은 사라지고 이해도 역시 반감된다. 다시 말해 '한 장으로 요약한다 = 일람성을 갖도록 한다'는 것으로, 몇 장에 걸친 서류보다 훨씬 전달이 간편하다.

나아가 A3 용지는 도표나 그래프를 넣기에도 충분하고 또 보기 편한 사이즈다. 백문이 불여일견으로, 말을 되풀이하는 것보다 보여주는 게 더 빠르고 정확하게 전달되는 경우가 있다. 예를 들어 "이번달 매출액은 △△원밖에 되지 않습니다. 이건 문제입니다!" 이렇게 말하는 것보다 1년 간의 월별 매출액을 그래프로 나타내거나, 혹은 수년 분의 해당 월별 매출액을 그래프로 만들어 보여주는 게 한눈에 위기감이 전해진다.

홈페이지 리뉴얼 서류를 작성할 때 나는 이와 같은 방식으로 도표를 활용했다. 몇 가지 발견된 중요한 문제점에 대해서는 두 경쟁사의 홈페이지 화면과 나란히 보여주면서 해당 부분을 지적했다. 이렇게 하니 우리 회사 홈페이지의 문제점과 타사와의 차이가 한눈에 들어왔다.

'읽고' 이해하는 것이 아니라 '보고' 이해하는 것이 포인트

이해도를 높이는 데 도움이 되는 다른 두 가지 특징은 '틀'과 '제목'이다. 내가 만든 서류에는 '분석 목적', '평가 시점', '전체 요약', '상세한 평가', '이후 업무 방향성'처럼 제목을 항목별로 나누어 제각각을 틀로 분류하고 그 틀 안에 꼭 필요한 최소한의 정보만을 담았다. 틀과 제목이 있으니 읽는 사람은 '이 부분에는 무엇이 적혀 있는지'를 한눈에 알 수 있다. 전체를 파악하면 '이 서류는 무엇 때문에 작성된 것인가?'도 알 수 있다. 또 읽기 전에 어떤 내용이 있을지 예측 가능하기 때문에 읽기도 더 수월하다. 또 한 제목이 붙어 있기 때문에 정보의 취사선택도 쉬워진다. '이 부분과 이

부분은 중요하니까 특히 집중해서 봐야겠군'과 같은 강약 변화를 준 읽기가 가능해진다.

이처럼 일람성, 틀, 주제라는 세 가지 특징이 충실히 들어 있기 때문에 토요타의 한 장은 '읽고' 이해하는 것이 아니라 '보고' 이해하는 것, 나아가 '전해지는' 것이 된다.

3초 이내에 상대가 결정할 수 있도록 하기 위해서는?

나중에 안 일이지만 토요타 회장은 '결정은 3초 안에 한다'라는 규칙을 갖고 있다고 한다. 결재 타이밍이 조금만 늦어도 중요한 협상 등에 영향을 미치는 경우가 있기 때문에 가능한 한 빠르고 정확한 결단을 해야만 하는 것이다. 이는 직원 입장에서 보면 대표가 단시간에 보고 결정할 수 있는 서류를 준비해야만 한다는 의미가 된다.

토요타 회장뿐만 아니라 비즈니스맨은 모두 바쁘다. 모든 서류를 꼼꼼하게 읽고 결단을 내릴 시간이 턱없이 부족하다. 따라서 결재서류를 올리는 직원은 자신이 먼저 충분히 생각하고 모든 제반사항을 정리해 보고해야 한다. 읽고 이해하기보다는 보고 이해할 수 있도록 만들어야 한다. 결재하는 사람이 많은 시간을 들이지 않고 그 자리에서 합리적인 판단을 내릴 수 있는 서류를 작성해야 한다.

06

한 장을 활용하면
불필요한 회의 낭비가 사라진다

그렇다면 토요타에서 사용하고 있는 한 장의 서류가 어떤 식으로 업무에 도움이 되고 있는지, 어떻게 기능하고 있는지 알아보자.

우선 회의 서류를 살펴보자. 토요타 회의에서 서류가 하는 역할은 크게 두 가지다. '회의의 낭비를 줄이는' 것과 '회의를 원활하게 진행시키는 것'. 토요타에서는 회의 때 진행 역할을 맡은 사원이 반드시 회의에 필요한 서류를 준비한다. 그 서류에는 회의 목적, 현재 상태, 과제 등 회의에 필요한 정보가 요약되어 있으며, 참가자는 모두 이 서류를 자신 앞에 놓는다. 그렇기 때문에 빈손으로 회의에 참석하는 사람은 한 명도 없다.

이 서류에 반드시 들어가는 것이 '틀'이다. 회의에서 논의하고 싶은 사항을 미리 제목별로 요약해두고 시각적으로 잘 '보이도록' 틀로 만든다. 이 틀을 통해 해당 서류에 몇 개의 안건이 요약되어 있는지, 오늘 회의에서는 무엇에 대해 이야기를 하는지 등이 일목요연해진다.

'틀'과 '주제'로 내용을 한눈에 알 수 있다

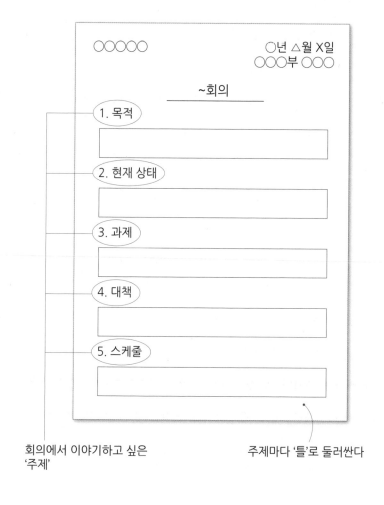

회의에서 이야기하고 싶은
'주제'

주제마다 '틀'로 둘러싼다

덧붙여 회의에서 나온 결론을 적어 넣기 위해 '비어 있는 틀'을 굳이 준비해두는 경우도 있다. 예를 들어 회의 목적이 대책을 수립하기 위한 것이라면 '대책'이라는 제목을 단 틀을 미리 서류상에 준비해둔다. 틀 안에는 아직 아무것도 적혀 있지 않다. 이렇게 하면 회의 참가자는 서류를 훑어봤을 때 자연스럽게 비어 있는 공간에 주목하게 된다. 다시 말해 의식이 대책 쪽으로 집중되게 된다.

이러한 틀은 단순히 보기 편한 레이아웃 이상의 역할을 한다. 예를 들어 '꿈이나 소원은 종이에 적으면 이루기 쉬워진다'라는 이야기를 한 번쯤은 들은 적이 있을 것이다. 그러나 이 이야기를 알고 있어도 실제로 종이에 적는 사람은 의외로 적다. 그렇다면 소원을 빌 때 사용하는 칠석의 단자쿠[短冊] 종이나 신사의 말 그림 액자[絵馬]는 어떨까? 아마 대부분의 사람들이 적어본 경험이 있을 것이다. 아무것도 없는 상황에서는 "소원을 적어봐"라는 말을 들어도 좀처럼 쓸 수 없지만 단자쿠 종이나 말 그림 액자가 눈앞에 주어지면 써봐야지 하는 마음이 들게 될 것이다. 그도 그럴 것이 사람은 눈앞에 틀이 있으면 그곳에 의식이 집중되어 빈 공간을 '메우고 싶다'는 심리가 작용한다. 이것은 아마도 틀로 둘러싸인 사각형 한가운데에 무의식적으로 시선이 향해 의식이 집중하기 쉬워지기 때문일 것이다. 단자쿠 종이나 신사의 말 그림 액자도 어떤 의미에서는 공백 프레임의 일종이라고 할 수 있다. 따라서 자신도 모르게 내용을 적고 싶어지는 것이다.

완성된 한 장이 그대로 의사록이 된다

일을 잘하는 토요타 사원일수록 회의 서류에서 이 틀의 특성을 잘 활용하고 있다. 회의 서류에 틀을 만들면 참가자는 윗부분에 기재된 제목에 따라 틀 안의 정보 쪽으로 관심을 집중할 수 있다. 나아가 경우에 따라서는 일부러 공백의 틀을 준비하는 경우도 있다. 그러면 틀 안을 메우려고 하는 심리가 작용하기 때문에 논의 방향도 자연스럽게 '공백을 메우는 내용 = 목적에 따른 내용'으로 요약된다. 논의에서 벗어나는 걸 방지하고, 설사 벗어났다고 해도 틀이 있기 때문에 바로 수정되어 논의가 다시 본래의 목적을 향해 진행된다. 이처럼 틀이 가져다주는 집중력 향상 효과는 예상보다 강력하다.

내가 회의 진행을 맡았을 때도 필요에 따라 이 공백의 틀을 활용했다. 나아가 회의가 시작될 때 "오늘 회의는 이 틀 안을 메우기 위해서 여러분이 시간을 내주었습니다. 부디 잘 부탁드립니다"라고 선언한 후에 시작했다. 이렇게 함으로써 보다 원활하게 회의가 진행된다. 또 회의가 끝난 후에 의사록을 작성할 필요가 있을 때도 이 공백의 틀을 활용했다. 논의를 하면서 '이게 오늘 회의의 포인트군'이라고 생각되는 의견이 나오면 그 자리에서 바로 틀 안에 적는다. 이렇게 하면 완성된 한 장의 서류가 그대로 의사록이 된다. 일부러 회의 후에 따로 서류를 다시 정리하는 수고를 덜 수 있다. 이처럼 미리 틀을 적어 넣은 한 장을 준비해두면 회의가 쓸데없이 길어지지 않을 뿐만 아니라 회의 종료와 동시에 의사록이 완성되는 일석이조의 효과도 얻을 수 있는 셈이다.

회의 서류에 공백의 틀을 넣는 것만으로 바로 앞에 있는 서류가 살아 움직이는 한 장이 되는 것이다.

07

깊이 생각하고 만든 한 장이
인재를 키운다

토요타의 한 장은 인재를 키우는 데에도 도움이 된다

토요타의 신입사원은 입사 후 수개월의 연수기간을 거쳐 각 부서로 배속된다. 내가 입사 후에 배속된 곳은 도쿄 본사의 해외 마케팅부였다. 운좋게도 그곳은 내가 희망했던 하이브리드 기술의 매력을 세계에 알리는 업무가 있어 전부터 꼭 일해보고 싶던 부서였다. 하지만 내가 실제로 담당하게 된 일은 마케팅 활동의 예산을 관리하는 일, 다시 말해 재무관리를 하는 일이었다.

당시 나에게는 재무관리를 할 수 있는 소양이 전혀 없었다. 관리회계, 연결결산 등 경리의 기본 업무 단어들조차 들어도 무슨 소리인지 전혀 모르는 상태였다. 배속 이틀째에 바로 회의에 참석하게 되었지만 내용은 종잡을 수 없었고 무엇을 위한 회의인지 또 도대체 무엇에 대해 이야기하고 있는지 모국어임에도 전혀 이해할 수 없었다. 그저 "이 자료를 10부 복사해", "이 데이터를 그래프로 만들어" 등 상사가 시키는 대로 움직일 뿐이었다. 상사는 "모르는 게 있으면 뭐든지 질문해"라고 했지만 당시의 나는 애초에 무엇을 모르는지조차도 모르는 상태였다. 그런 상태로 눈 깜짝할 사이에 몇 달이 지나가버렸다.

선배들의 한 장이 일을 가르쳐주었다

어떻게든 상황을 극복해야 했다. 그때 생각난 것이 과거에 선배 사원들이 만들어왔던 수많은 한 장의 서류였다. 부서를 잘 관찰해보니 같은 층에서 일하는 100명 가까운 사원 모두가 항상 한 장의 서류를 준비해서 일을 진행시키고 있다는 것을 깨달았다. 그리고 그 서류들은 모두 컴퓨터의 공유 서버에 분류 보관되어 있었다. 나는 이 서류들 중에서 부서 내에서 특히 일을 잘한다고 평가받고 있는 사람들의 자료를 프린트해서 하나하나 파악해갔다.

선배 사원들이 만든 한 장에 있던 '틀'과 '제목' 덕분에 서류 전체를 이해하지 않아도 무엇에 대해 쓰여 있는지 알 수 있었다. 예를 들어 '이 틀에는 현재의 문제점이 쓰여 있군…' 하는 식으로 말이다. 간혹 틀이나 제목이 없는 서류는 무엇에 대해 작성한 것인지 전혀 알 수 없었고 유감스럽게도 도움이 되질 않았다. '내가 자료를 만들 때는 이렇게 만들어 후임이 곤란하지 않도록 해야겠군' 하고 절실히 느꼈던 기억이 지금도 선명하다.

또 한 장 한 장 서류를 정성껏 읽다 보니 차츰 '현재의 나는 무엇을 모르고 있는가?'가 보였다. '이 키워드의 의미를 모르기 때문에 이 부분을 이해할 수 없었군' 등으로 모르는 부분을 어느 정도 가늠할 수 있게 되었다.

알기 위한 여정의 첫걸음은 모르는 부분을 얼마나 많이 발견할 수 있는가에 달려 있다. 모르는 부분을 하나씩 지워가면 곧 전체에 대한 이해로 이어진다. 나는 서류에 언급된 모르는 용어를 전부 노트에 옮겨 적고 의미를 조사했다. 또 프린트한 서류를 보여주면서 "이 부분은 이런 식으로 이해하면 될까요?"라고 질문하는 과정을 반복했다. 이렇게 조금씩 일의 내용을 파악했다. 재무회계 관련 지식이 전무해 아무것도 몰랐던 나에게 일을 가르쳐준 선생님은 바로 선배들이 옛날부터 만들어왔던 한 장의 서류였다.

만드는 과정에서 자연스럽게 정보를 취사선택할 수 있다

또 이들 서류가 내게 '일 선생님'이 될 수 있었던 것은 내용이 A3 또는 A4 용지 한 장으로 간편하게 요약되어 있었기 때문이다. 복잡한 조건일수록 한 장으로 요약하기 위해서는 정보의 취사선택을 신중히 해야 한다. 깊이 생각하고 만들어진 한 장은 쓸데없는 정보는 생략하고 엄선된 정보만 담겨 있기 때문에 요점을 파악하기 쉽다는 장점도 있다. 읽는 데 시간도 걸리지 않고 무엇보다 신입사원이 바쁜 상사나 선배에게 질문 공세를 해서 시간을 빼앗아버리는 것은 아닌가 싶어 선뜻 질문을 하지 못하는 상황도 막을 수 있다.

물론 내가 참고로 한 수많은 한 장은 처음부터 후배를 교육하기 위해 만든 것은 아니었다. 그러나 일람성, 틀, 주제라는 세 가지 특징이 담겨 있어 직원을 교육하는 역할도 충분히 할 수 있도록 만들어져 있었다.

08

토요타의 한 장은
어떻게 생겨났는가?

토요타에서 모든 서류를 한 장으로 요약하는 문화는 어떻게 시작된 걸까?

《토요타의 전달법トヨタの伝え方》에 따르면 토요타의 한 장 문화가 정착된 것은 1960년대 중반에서 70년대 중반 사이라고 한다. 이 시기는 고도경제성장이 끝나고 무역자유화로 외국차 수입이 인정되었으며 외국 기업의 일본 진출이 가능해진 시기다. 고정환율제에서 변동환율제로 이행되었고, 제1차 석유 파동도 일어났다. 한편 자동차 배기가스에 의한 대기오염 등이 사회문제가 된 것도 이 무렵이었다. 일본 경제와 자동차 업계를 둘러싼 환경이 어지럽게 바뀌고 토요타의 임원회나 각 부문의 회의에서는 연일 해결해야만 하는 과제가 생겨났다. 그러나 애초에 회의 주제에

대한 지식이 사원에게 없으면 논의를 시작할 수 없다. 예를 들어 '무역자유화'라는 키워드가 하나 나왔다고 해도 그것이 어떤 것이며 토요타에 어떤 영향을 줄지 모른다면 논의가 되지 않을 것이다. 사원 한 사람 한 사람이 기업 활동 전반에 관한 지식을 익혀가기 위해서는 너무나도 과제가 많았다. 그래서 모두 분담을 해서 업무에 필요한 지식을 흡수해야 했다. 예를 들어 무역자유화에 대해 한 사람이 상세하게 조사하고 요점을 정리해 회의나 스터디모임 등에서 발표하고 다른 사원은 그것을 듣고 배우는 방식이었다. 이때 요점을 요약한 종이가 A3 용지였다고 한다. A4 용지로는 공간이 부족했지만 A3 용지라면 충분한 크기였다. 게다가 도표나 그래프를 넣기에도 딱 좋은 사이즈였다. 이러한 이유에서 A3 용지가 사용되기 시작했다는 것이다.

처칠의 생각과 토요타 한 장의 공통점

제2차 세계대전 때 영국의 수상이었던 윈스턴 처칠이 정부 각 부에 다음과 같은 메모를 보냈다고 한다.

"우리에게 주어진 업무를 수행하기 위해서는 많은 양의 서류를 읽어야만 합니다. 그러나 그 서류의 대부분이 너무 길어 시간이 낭비되고 있고 요점을 파악하는 데 불필요한 시간이 걸립니다. 여러분들이 보고서를 좀더 짧게 만들도록 배려해주었으면 합니다"(《이과계의 작문 기술理科系の

作文技術》).

계속해서 처칠은 "요점을 짧게 적으세요", "돌려 말하는 방식은 관두세요" 등으로 구체적으로 적는 법을 지도했다.

여기서부터는 내 상상이지만 당시의 토요타 사원(특히 상층부)의 심경도 처칠의 생각과 같지 않았을까?

'해결해야 될 과제가 너무 많아', '모든 것을 처음부터 배우기에는 시간이 부족해', '쓸데없는 정보는 필요 없으니까 요점만 알기 쉽게 바로 전달해줬으면 좋겠어' 등등과 같은 요청이 윗선에서 있었으리라 짐작된다.

이렇게 해서 A3 용지가 사용되는 사이에 회의에서 그것을 본 다른 사원들도 따라하게 되어 이것이 토요타 전체로 확대되었을 것이다. 그리고 한 장으로 요약하는 것을 실천해보니 수많은 생각지도 못한 효과가 생겨난 것이다.

09

일 잘하는 사람일수록 업무 '틀'을 파악하고 있다

　모든 일을 할 때는 '틀'이라는 게 있다. 그 대표적인 예가 회사마다 있는 독자적인 일의 흐름이나 방식이다. 토요타로 말하면 '어떤 일이든 항상 한 장의 서류를 준비한다'는 것이 하나의 틀이다. 또 상사나 부하의 일하는 방식에도 일정한 틀이 있다. 거래처와의 교섭 방법, 고객의 클레임에 대한 대처방법에도 틀은 있을 것이다.

　일을 잘하는 사람은 이처럼 일에 관한 틀을 다른 사람들보다 많이 파악하고 있는 사람을 말한다. 틀을 파악하고 있기 때문에 일의 전망이 쉽게 선다. 다음에 무엇을 하면 좋을지 알고 있기 때문에 일도 척척 진행된다. 또 틀을 파악하고 있으면 힘을 쏟아야 하는 곳을 알고 있기 때문에 쓸데 없는 데 에너지를 낭비하는 일 없이 효율성 있게 일의 질을 높일 수 있다.

내가 틀의 위력을 처음으로 실감한 것은 초등학생 때로 거슬러 올라간다. 별로 자랑할 만한 일은 아니지만 어렸을 때 나는 운동을 아주 싫어했다. 체력도 형편없어서 초등학교의 체력 테스트에서 반 최하위를 기록할 정도였다. 비만이었던 당시의 나는 스모 선수와 같은 체형이었다. 야구부나 축구부에 들어갈 체형과 체력이 아니었기 때문에 초등학교 때는 실제로 스모를 했다. 체력은 약했지만 눈앞에 닥친 위기 상황에서는 평소에 없던 힘을 발휘해 고향인 아이치 현 나고야 시 대회에서 우승한 적도 있다(비록 어깨뼈가 골절돼버렸지만…). 그 후 고등학교 시절에는 유도를 해서 검은 띠의 유단자까지 될 수 있었다.

어떻게 체력도 형편없고 운동도 싫어했던 사람이 스모 대회에서 1등을 하고 유도에서 검은 띠를 딸 수 있었을까? 그것은 틀이 있었기 때문이다. 스모든 유도든 기본적으로 몸에 익혀야만 하는 틀이 있다. 나는 그것을 반복해서 연습했다. 훈련을 심하게 받은 것도 무리하게 강요당한 것도 아니다. 체력이 약하긴 했지만 매일 꾸준히 틀 연습을 계속했다. 이 경험을 통해 나는 특별히 뛰어난 체력을 가지고 있지 않은 사람이 충분한 실력을 발휘하기 위해서는 틀이 얼마나 중요한지를 절실히 느꼈다. 그리고 그것은 일에서도 마찬가지다. 일의 틀, 그것이 지금 말하고 있는 한 장이다.

토요타 한 장이 공통적으로 갖고 있는 다섯 가지 항목

토요타에는 무슨 일이든 기본적으로 한 장의 서류가 있고, 그 한 장을 바탕으로 일이 진행된다. 하나의 안건에 대해 담당자는 처음에 반드시 한 장의 서류를 만든다. 이 한 장에는 안건의 목적이나 과제, 대책, 스케줄 등이 적혀 있다. 그리고 상사와 협의할 때에는 반드시 이 서류를 지참해 절차나 내용을 채워간다. 토요타의 관리직에는 계장, 과장, 실장, 부장의 네 사람이 있고 큰 안건에 대해서는 단계적으로 이 네 사람과 협의가 필요하다. 그리고 그 협의 때마다 한 장이 준비된다.

"이 대책 부분은 이렇게 하는 게 좋지 않을까?", "스케줄 맞추기 힘들지 않을까?" 등으로 협의를 할 때마다 한 장의 내용에 수정이 가해져 일이 진행된다. 이와 같은 협의에 몇 번이나 함께 참석하고 선배 사원이나 상사들이 만든 한 장을 보고 있는 사이에 나는 공통된 주제가 있다는 것을 깨달았다. 그것은 다음의 다섯 가지다.

- ① 목적
- ② 현재 상태
- ③ 과제
- ④ 대책
- ⑤ 스케줄

'회의 의사록이나 기획서, 보고서든 적어도 이 다섯 가지 관점에서 생각하고 요약하면 문제는 없겠어. 그리고 이 다섯 가지가 완료되면 남은 건 행동으로 옮기기만 하면 돼. 그렇게 하면 일은 진행될 거야'라고, 내가 맡았던 일의 틀을 파악한 순간이었다.

한 장이 있으면 일의 틀을 파악하기 쉬워진다

내가 만든 한 장을 선배 사원이나 상사에게 첨삭을 받으며 느낀 것은 주목하는 지점이 사람마다 다르다는 것이었다. 이 상사는 일을 진행시킬 때 이 부분에 구애받는 사람, 이 선배는 여기를 신경 쓰는 사람과 같은 식으로 사람마다 각각 다른 업무 스타일의 틀이 보였다. 이것도 내 자신의 틀이 명확해지고 나서야 비로소 이해할 수 있었다.

이처럼 항상 일의 기본에 한 장을 두면 일에 관한 틀을 파악하기 쉬워진다. 이미 많은 사람들이 업무 틀을 오랜 경험을 통해 파악하고 있을 것이다. 그러나 한 장이 있으면 그 기간을 단축할 수 있다. 일을 잘하는 사람이 되고 싶다면 일에 관한 정보를 한 장으로 요약해보기 바란다. 지금까지 보이지 않는 손으로 더듬으며 힘겹게 대처를 해온 당신에게도 틀이 보일 것이다.

10

연간 400시간의 야근을
제로로 줄인 방법

'아~ 어떻게든 좀 더 효율적으로 일을 진행하고 싶어….'

직장인이라면 누구나 한번쯤 이런 고민을 한 적이 있을 것이다.

토요타에 입사한 후 수년간 나도 같은 고민을 했다. 당시 나의 평균 퇴근시간은 저녁 9시 이후, 야근이 일년에 400시간을 넘었다. 평일에 조금이라도 여유 시간이 생기면 피곤해서 대부분 먹고 잘 뿐이었다.

'야근이 없으면 평일 밤 시간을 좀 더 의미 있게 사용할 수 있을 텐데….'

입사 6년째 비로소 야근 시간은 거의 제로가 되었다. 평일 밤에도 콘서트나 연극, 강연회 등에 갈 수 있게 되었다. 게다가 토요타의 도쿄 본사는 도쿄돔 바로 근처에 있기 때문에 야구 경기나 콘서트를 보러 가기에는 안성맞춤인 곳이었다. 이것도 한 장 덕분이었다.

입사 5년째 건강이 나빠져 어쩔 수 없이 2개월간 휴직하게 된 적이 있었다. 복직 후에도 무리한 야근은 금물이라는 의사의 권고가 있어 야근은 할 수 없었지만 상사와 동료들에게 더 이상 신세를 질 수는 없었다. 그래서 한정된 시간 안에서 효율적으로 일을 할 수 있도록 어떻게 하면 일하는 시간을 단축할 수 있을지 고민했다.

독창적인 한 장으로 시간을 크게 절약할 수 있다

야근 시간을 줄이기 위해 한 것 중 하나가 'MY 한 장'의 작성이다. 앞서 부서의 모든 일은 기본적으로 목적, 현재 상태, 과제, 대책, 스케줄의 다섯 가지를 완료하면 된다는 것을 깨달았다고 언급했다. 이것을 서식화해 독창적인 한 장을 만들었다. 보면 알겠지만 이 포맷에도 토요타 한 장의 세 가지 특징(일람성, 틀, 주제)을 넣었다.

우선 어떤 일이든지 고민하고 명확하게 해야만 할 포인트가 확실하기 때문에 생각할 시간이 크게 줄었다. 한 장으로 요약할 때는 생각한 결과를 미리 준비한 포맷의 각 틀에 넣기만 하면 되기 때문에 서류 작성 시간도 단축되었다.

독자적인 한 장으로 시간을 절약할 수 있다

○○○○○　　　　　　　　　　　○년 △월 X일
　　　　　　　　　　　　　　　　○○○부 ○○○

제목

1. 배경 or 전제 or 목적

2. 현재 상태 or 개요

3. 과제

4. 대책

5. 스케줄

회의 보고

1. 배경 or 전제 or 목적

2. 현재 상태 or 개요

3. 과제

4. 대책

5. 스케줄

신상품 기획

1. 배경 or 전제 or 목적

2. 현재 상태 or 개요

3. 과제

4. 대책

5. 스케줄

시장의 동향 분석

1. 배경 or 전제 or 목적

2. 현재 상태 or 개요

3. 과제

4. 대책

5. 스케줄

하나의 포맷을 여러 가지 상황에서 활용할 수 있다

나아가서는 전달할 시간도 짧아졌다. 독창적인 한 장은 서식화되어 있었기 때문에 항상 같은 흐름으로 설명했다. 그러자 상사도 내 한 장의 구성에 익숙해졌다. '주목해야 할 곳은 여기와 여기'처럼 검토할 때의 포인트를 미리 파악하기 쉽게 했다. 그렇기 때문에 상사에게 보고하는 시간이 점점 짧아졌고 이전이라면 15분 이상 걸렸던 시간이 5분으로 끝나게 되었다. 나아가서는 한 장을 상사의 책상에 놓아두는 것만으로 협의 시간은 처음부터 잡지 않아도 될 정도가 되었다. 다시 말해 독창적인 한 장을 작성함으로써 내 시간뿐만 아니라 상사의 시간 절약도 가능하게 되었다.

한 장이 있으면 쉬고 있어도 일이 진행된다

그리고 한 장의 효과가 하나 더 있다. 어느 날, 독감 때문에 회사를 쉰 적이 있었다. 그 날은 다른 부서와의 중요한 미팅이 예정되어 있었기 때문에 결근 연락을 할 때 협의를 내일 이후로 변경해주었으면 좋겠다고 상사에게 이야기했다. 그런데 다음날 출근해보니 상사가 "그 협의, 이미 했어"라고 말을 하는 것이 아닌가. 협의가 예정되어 있던 전날, 나는 사전 협의를 위해 한 장을 건네두었다. 항상 같은 틀의 그 한 장이다. 다음날, 사전 협의 자체는 못한 셈이지만 내가 작성한 서류를 본 상사는 '협의는 이 흐름으로 여느 때의 아사다 패턴으로 진행시키면 되겠군. 그렇다면 아사다가 없어도 해버리자'라고 생각했다. 내가 상사에게 건넨 한 장에는 스케줄의 틀에 세 가지 진행 방안이 기재되어 있었다. 그것을 보면 일단 협의 목적이 '세 가지 진행 방안 중에서 어느 방안을 선택할지를 결정하는' 것이라는 건 알 수 있도록 되어 있었다. 그렇기 때문에 쉬고 있는 나를 대신해 상사가 협의할 수 있었던 것이다.

다음날 상사는 협의 때 사용한 내가 만든 한 장을 보여주며 "2안으로 결정됐어"라고 간략하게 말했다. 한 장의 효과를 새삼스레 느낄 수 있었다. 'MY 한 장' 덕분에 회사에 나가지 않았는데도 일이 정체되지 않고 진행된 것이다.

이처럼 한 장은 일의 시간 절약에도 효과를 발휘한다. 게다가 본인 시간뿐만 아니라 함께 일하는 동료들의 시간도 절약해준다. 서류 한 장으로 요약하는 습관이 자신과 주위 사람 모두의 업무를 효율적으로 진행될 수 있게 해준다고 말할 수 있다.

11

자동차를 좋아하지 않았던 내가 토요타를 선택한 이유

솔직히 고백하면 나는 자동차를 좋아하는 사람은 아니다. 물론 아예 흥미가 없었던 건 아니고 학창 시절에는 심야의 F1 중계를 즐겨 봤었고 어릴 때 가장 좋아했던 텔레비전 애니메이션이 뭐냐고 물으면 "〈사이버 포뮬러〉의 아스라다(스토리 중에 등장하는 레이스 카의 이름)가 달리는 모습을 실제로 보고 싶어!"라고 바로 대답할 정도로 자동차에 끌린 시기도 있었다. 그렇다고 해서 자동차의 역사라든지 기계적인 이야기에 대해 열정적으로 말할 수 있을 정도는 못 되고 평균 정도의 지식만 있었다고 할 수 있다. 토요타에 입사해 얼마 되지 않았을 때 자신의 메일 주소를 엔진 넘버로 한 사람들을 종종 만났는데 이 사람들에 비하면 나는 도저히 자동차를 좋아한다고 말할 수 없겠다고 느꼈던 기억이 생생하다.

그런 내가 왜 토요타에 입사했냐면 토요타가 일본 제일의 순이익을 올리는 회사였기 때문이다. 당시 순이익이 1조 엔을 넘겼을 때라고 기억하고 있지만 어쨌든 토요타는 일본 기업 중에서도 항상 상위 그룹에 속해 있는 회사였다.

"왜 토요타는 넘버원인가?"

그 비밀을 알고 싶은 열망이 입사할 때부터 나를 사로잡았다. 여러 사람들에게 이 질문을 해봤더니 '개선', '눈에 보이도록 구체화'와 같은 교과서적인 대답부터 '상품력', '조달' 등 개인마다 다른 대답이 돌아왔다. "각 나라 부자의 명부를 파악하고 있으니까"라는 의견을 말한 사람도 있다. 어쨌든 대답은 개인에 따라 제각각이었다. 그리하여 내 나름대로 "이것이 토요타 경쟁력의 비밀이다!"라는 열쇠를 찾아보려고 노력하게 되었다.

그래서 주목했던 것이 토요타에서 일하는 사람들이 실제로 모두 하고 있는 '동작'이었다. 다시 말해 모든 일을 서류 한 장으로 요약하고 있는 동작이다. 실제로 이 동작은 7만 명에 이르는 토요타 사원 대부분이 평소에 당연하게 하고 있다.

막히면 우선 적는다

예를 들어 토요타에는 '정반대의 것을 통합하는' 능력이 있다. 그 대표적인 예가 세계 최초의 양산量産 하이브리드 전용차인 프리우스의 개발 및 판매다. 프리우스의 탄생은 경제발전과 환경보호는 양립되지 않는다는 상식을 뒤집었다. 서로 섞일 수 없다고 믿었던 정반대의 것을 멋지게 통합시킨 것이다. 프리우스의 개발부터 판매에 이르기까지 사내의 모든 부서에서는 아마도 몇 천 번, 혹은 몇 만 번의 논의가 이루어졌을 것이다. 그들은 그 논의를 어떤 식으로 어떻게 진행시켰을까? 분명한 사실은 그러한 논의의 장에 항상 한 장의 서류가 존재했다는 것이다. 틀림없이 그 당시 회의 전에는 이런 말들이 날아다녔을 것이다.

"시안을 마련해주겠나?"

이 말은 토요타에 근무할 때 내가 자주 들었던 말이다. 특히 새 프로젝트를 시작할 때나 문제가 발생해 그것에 대처해야만 할 때 상사가 입버릇처럼 하는 말이다. 이처럼 시안을 요구하는 이유는 그것으로 우선 논의가 시작되기 때문이다.

예를 들어 사내에서 '일손이 부족하다'라는 문제가 발생했을 때 '일손이 부족해서 곤란하다', '일손이 부족한 탓에 야근 시간이 늘고 있다' 등 단순히 현재 상태만 말하고 있어서는 사태는 전혀 개선되지 않고 논의도 발전되지 않는다. 그래서 시안을 준비한다. 현재 상태의 문제를 인식시키고 대책안을 마련하기 위해서다. 만약 '단기 아르바이트를 고용한다' 등의 구체적인 대책안이 나오면 그것에 대해 찬성이나 반대 의견이 나온다. 사태의 개선 및 발전을 목표로 한 논의가 시작된다. 시안으로 준비되는 것은 물론 한 장으로 정리된 서류다. 한 장이라는 제약이 있는 이상 이것저것 넣을 수는 없다. 깊이 생각해야만 한다. 그러면 자연스럽게 시안이 완성되는 단계에서는 논점이 명확해진다. 자신의 논점이 명확할수록 찬성도 반대도 하기 쉬워진다. 이처럼 한 장의 시안이 논의를 간편하고 깊이 있는 것으로 만든다. 토요타의 통합하는 능력은 이러한 한 장의 시안이 있었기에 가능했고, 효율적인 논의가 거듭된 끝에 생겨난 거라고 나는 생각하고 있다.

일을 하다 막히면 우선 시안을 만들어보자. 한 장의 종이 위에 현재 상태의 문제를 인식하고 대책안을 생각해보는 것이다. 이렇게만 해도 좀처럼 진전되지 않던 일도 반드시 앞으로 나아가게 될 것이다.

종이 한 장으로
요약하는 기술
【기본편】

12

한 장을 만들기 위한
세 가지 단계

1장에서는 토요타의 한 장이 현장에서 어떤 식으로 기능하는지 실제 예를 들면서 소개했다. 앞에서도 말했지만, 토요타에는 모든 서류를 한 장으로 요약한다는 습관은 있어도 세부 매뉴얼은 없다. 따라서 한 장을 만들 때 선배 사원이 만든 것을 참고하거나 상사에게 첨삭을 받거나 할 수밖에 없다.

'이렇게 장점이 많은데 그 방법론이 누구나 실천할 수 있는 형태로 정리되어 있지 않은 건 안타깝다….'

이렇게 생각한 나는 토요타를 퇴사한 후에도 고민을 지속해 토요타 사원들이 매일 당연하게 만들고 있는 한 장의 서류 만들기에서 본질적인 부분을 추출해 체계화시켰다.

지금부터는 업무 현장에서 한 장의 서류를 만들고 활용하는 상황을 상상해보자. 상사에게 제출할 보고서, 기획서, 프레젠테이션 자료, 의사록 등등 무엇이든지 상관없다. 도대체 어떤 과정으로 진행해야 할까?

한 장으로 요약하는 작업을 크게 나누면 대부분의 경우 다음과 같은 세 가지 단계로 구성되어 있다.

> ① 생각하는 토대가 될 정보를 서류에 정리한다
>
> ↓
>
> ② 자기 나름대로의 생각을 서류에 요약한다
>
> ↓
>
> ③ 서류의 내용을 누군가에게 전달한다

이 세 단계를 제대로 밟으면 마지막으로 자료화시키는 것은 그다지 어렵지 않다. 서류 한 장으로 요약하는 데 중요한 것은 자료 작성법보다도 이전 단계인 생각 정리법이다. 다만 그 설명이 '정리한다', '생각을 요약한다', '전달한다'라는 동사로 끝나버리면 모두 추상적이라 듣는 것만으로는 구체적으로 어떻게 하면 좋을지 모르는 사람이 많을 것이다. 하지만 의외로 비즈니스 현장에서는 "정리해둬", "생각을 요약해", "이해하기 쉽게 전달해"와 같은 말이 자주 오가고 있다. 이 때문에 토요타에 막 입사했을 때의 나처럼 '정리하라니 어떻게 하는 거지?', '생각을 요약하라니 무슨 말이지?', '전달하라니 어떻게 하면 돼?'라고 고민하는 사람들이 생겨난다. 그래서 2장에서는 토요타에서 일하는 사람들이 한 장의 작성을 통해 하고 있는 생각 정리법에 초점을 맞춰 이를 다른 일에서 어떻게 활용하면 좋을지 구체적인 방법을 소개하겠다.

13

'어떻게?'를
'동작'으로 바꾸자

구체적으로 어떻게 하면 좋을지 모르겠다는 고민을 해결하기 위한 키워드가 바로 '동작화'다. 예를 들어 '좀 더 깊이 생각한다', '우선순위를 정해 일을 한다', '목적을 의식한다'라는 비즈니스 관련 책에서 자주 보는 표현들은 모두 눈에 보이지 않기 때문에 신입사원은 '어떻게 하는 거지?' 하고 당황할 수밖에 없다. 따라서 요구 표현에 포함된 '동사'를 눈에 보이는 '동작'으로 변환시켜 누구든지 재현할 수 있도록 한다.

예를 들어 '인사하다'는 동사다. 이것을 동작으로 바꾸면 미소를 지으며 "안녕하세요"라고 소리내어 말하고 머리는 가볍게 숙이는 동작이 된다. 제대로 인사하는 것이 구체적으로 어떤 것인지를 모르는 사람들에게는 이와 같은 동작을 지시해주면 된다.

'일을 하는 데 있어 목적을 의식하는 것이 중요하다'는 조언을 들은 적이 있을 것이다. 대표적인 예로 ≪성공하는 사람들의 7가지 습관≫이라는 책에서도 제2의 습관으로 '목적을 가지고 시작한다'라는 항목이 나온다.

대부분의 사람들은 '목적을 소중히 한다!'라고 100만 번 제창해봤자 실제로 목적을 의식하며 일하기 쉽지 않다. 하지만 해결책은 있다. '동사'로 속이지 않고 '동작'으로 바꾸면 된다. 그렇게 하고나면 비로소 실천이 가능해진다. 실천할 수 있기 때문에 매일의 일하는 방식이 바뀌고 원하는 미래도 손에 넣을 수 있다. 왜 수많은 자기계발서를 읽어도 사람들의 일하는 방식은 좀처럼 개선되지 않는 것일까? 이유는 간단하다. 쓰여 있는 내용의 대부분이 동작으로 이어지지 않기 때문이다. 이에 반해 내가 소개하는 방법은 모두 동작으로 변환되어 있다. 이제 서류 한 장으로 요약하는 기술의 핵심인 '정리한다', '생각을 요약한다', '전달한다'라는 동사로 된 표현들을 전부 동작으로 바꾸어 설명하겠다.

14

액셀 1이란?

지금까지 반복해서 강조했던 것처럼 토요타의 한 장이 뛰어난 효과를 발휘하는 것은 '충분히 생각하고 만들어진 한 장'이기 때문이다. 협의를 위한 한 장을 만든다면 애초에 협의의 목적은 무엇인가, 전달하고 싶은 요점은 무엇인가, 상대는 어디까지 알고 있는가, 상대에게 확인해야만 하는 것은 무엇인가 등 하나하나의 요소를 충분히 생각해야만 한다.

다만 깊이 생각한다고 해도 실제로 그것을 실행하기는 쉽지 않다. 우선 꼭 명심해야 할 중요한 예비동작이 있다. 바로 생각하는 토대가 되는 정보를 정리하는 것이다. 생각할 재료가 없거나 설사 있더라도 어지럽게 뒤섞여 마음대로 사용할 수 없으면 깊이 생각할 수 없다. 요리를 만들 때를 떠올려보면 이해하기 쉬울 것이다. 예를 들어 카레를 만들고 싶어 냉장고를 열었을 때 어디에 당근이 있는지, 어디에 고기가 들어 있는지 모를 정도로 뒤죽박죽된 상태라면 카레를 만들기도 전에 차질이 생겨버린다.

한 장으로 요약하는 데 필요한 재료는 세 가지뿐

그렇다면 정보를 효과적으로 정리하려면 도대체 어떻게 하면 될까? 한 장으로 요약하는 기술을 익히기 위해서는 다음의 세 가지 재료를 준비한다.

> ① 주제
>
> ② 3색(녹색, 파랑, 빨강)펜
>
> ③ 한 장의 종이

우선 주제에 대해 알아보자. 토요타 한 장의 틀에는 반드시 주제가 달려 있다고 앞에서 설명했다. 주제, 다시 말해 '무엇에 대해서'인지를 처음에 정해두면 누구나 그 틀 속에서 필요한 정보를 취사선택할 수 있게 된다. 구글이나 야후 등의 검색창에 넣을 키워드와 같은 것이라고 생각하면 쉬울 것이다.

예를 들어 점심에 무엇을 먹을지 망설여질 때 보통 인터넷에서 '○○역, 런치 추천'이라는 단어로 검색을 할 것이다. 필요한 정보의 주제가 결정되면 다음 순서로 '생선 정식으로 할까? 돈까스가 좋을까?' 등으로 머리가 움직이게 된다. 다시 말해 필요한 정보를 요약하기 위해서는 우선 '주제를 정하는' 것이 선결과제다. 그리고 주제와 관련된 내용을 찾는다. 이 것이 정보를 정리하기 위한 첫걸음이다. 하지만 도출된 검색 결과를 어떤 형태로든 정리하지 못하면 이후 '생각을 요약하는' 과정으로 옮겨갈 수 없 다. 머릿속에서만 이것을 하려고 하면 뒤죽박죽되어 두서가 없고 시간이 지나도 깔끔히 정리되질 않는다. 그래서 이 뒤죽박죽된 머릿속을 한 장의 종이에 적는 과정이 필요하다.

액셀 1의 사용법 ① : 틀을 만든다

이때 사용하는 것이 내가 '액셀 1'이라고 이름 붙인 작은 틀의 집합체다. 여기에 주제에 따라 머릿속에서 검색된 키워드를 적는다. 내가 이 작은 틀의 집합체를 사용하는 것은 토요타 한 장의 특징 중 하나인 틀이 기본 이 되고 있기 때문이다. 토요타 한 장을 만들 때도 역시 많은 사원들은 우 선 주제를 작성하는 것부터 시작한다. 틀을 만들면 거기에 의식이 집중되 고 안을 메우려고 생각이 움직이게 된다.

날짜: 주제:			

참고로 나를 포함해 토요타에서 일하는 많은 사람들은 워드나 파워포인트 대신 액셀을 사용해 서류를 작성했다. 매일 컴퓨터상에 표시된 액셀 화면, 다시 말해 작은 셀 = 주제의 집합체와 눈싸움을 하면서 정보와 생각을 정리하고 있었다. 이것을 좀 더 손쉽게 누구든지 할 수 있도록 손으로 적는 것이 액셀 1이다. 액셀 1이라는 명칭은 이처럼 토요타의 업무 경험에서 생겨났다.

이제 액셀 1의 사용법을 알아보자.

우선 노트에 주제를 적는다. 통상 A5나 B5 사이즈의 노트를 가로로 길게 해서 적는다. 노트가 없으면 A4 사이즈의 복사 용지를 반으로 잘라서 준비해도 된다. 참고로 나는 평소에 선이 없는 아피카의 피그라레 매트릭스 노트라는 A5사이즈의 노트를 활용하고 있다. 여기에 4개, 8개, 16개, 32개, 64개… 이런 식으로 주제를 적는다. 주제의 수는 주제에 따라 자유롭게 선택하면 된다. 나의 경우는 8개가 가장 사용하기 편해서 8개의 예를 사용해 설명하도록 하겠다.

쓰는 방식은 간단하다. 처음에 녹색펜으로 상하의 한가운데에 가로선을 긋고 다음으로 좌우의 한가운데에 세로선을 긋는다. 그 다음에 세로선 2개를 추가하면 8개의 주제가 완성된다. 반복해서 말하지만 주제의 수는 반드시 8개로 해야만 하는 것은 아니다. 내용에 따라 16개나 32개도 상관이 없다. 다만 한 칸의 크기가 너무 크지 않도록 주의를 하기 바란다. 왜

냐하면 너무 커지면 '메우고 싶다'는 심리적 효과가 희박해질 뿐만 아니라

왠지 많이 적어야만 할 것 같은 느낌이 들어 쓰는 데 대한 부담감이 생기

기 때문이다.

①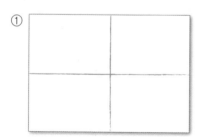

녹색펜으로 상하,
좌우의 한가운데에 각각 선을 긋는다

②

세로 선을 두 개 더 긋는다

③ 날짜:
주제:

가장 왼쪽 위의 틀에 날짜와 주제를 적
는다

* 내용의 양에 맞춰 틀 수를 늘려도 된다

날짜:			
주제:			

16틀

날짜: 주제:						

32틀

액셀 1 사용법 ② : 키워드로 메운다

틀이 완성되면 왼쪽 맨 위의 틀에 날짜와 주제를 적는다. 예를 들어 '오늘의 점심'에 대해서 생각해보자. 점심 메뉴 같은 사소한 주제를 굳이 적는다고 생각할지도 모르지만 우선 간단한 예를 통해 액셀 1의 사용법을 익혀보자.

우선 왼쪽 위의 틀 안에 "오늘 점심, 뭘 먹지?"라고 적는다. 참고로 이부분도 녹색펜으로 기입하면 된다. 틀과 주제는 정보를 정리하거나 생각을 요약할 때의 구조가 된다. '구조는 녹색으로 적는다'는 동작을 규칙으로 정해둠으로써 우선은 큰 틀을 파악한다는 사고회로를 머릿속에 만들 수 있을 것이다.

주제를 적었으면 그 답을 이번에는 파란펜으로 남은 틀 안에 적는다.

2015.12.4 Q: 오늘 점심, 뭘 먹지?	덮밥	돈까스	라면
불고기 정식	파스타	햄버거	생선구이 정식

녹색펜으로 틀을 만들고 가장 왼쪽 위에 날짜와 주제를 적었으면
남은 틀에 파란펜으로 답을 적는다

머리에 떠오른 키워드를 계속 적는다. 원칙적으로 하나의 틀 안에 적는 키워드는 하나다. 틀 안을 순번대로 키워드로 메우기 바란다. 보이는 대로 정보의 정리가 가능해졌다.

액셀 1 사용법 ③ : 떠오르는 생각을 적는다

이제부터는 다음 단계인 생각을 요약하는 과정으로 들어가기 때문에 확실히 구분할 수 있도록 빨간펜으로 바꾼다. 빨간펜을 들고 이렇게 스스로에게 질문을 던져보기 바란다.

'그런데 뭘 먹지?'

틀 안에 적힌 키워드를 보면서 생각이 슬슬 작동하기 시작한다.

'어? 왠지 기름진 게 많아.'

'모두 야채가 너무 적군….'

이 상태에서 기름진 음식의 키워드에 빨간펜으로 X 표시를 한다.

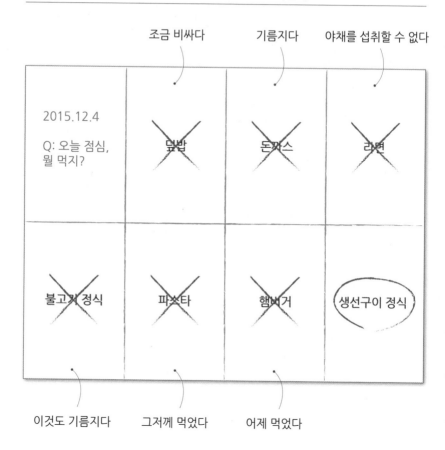

생각에 따라 빨간펜으로 표시를 한다
↓
'오늘 점심은 생선구이 정식으로 해야겠군'

계속해서 '생선구이 정식 외에는 최근 일주일 동안 한 번씩은 먹은 것들 뿐이군'이라는 것을 깨달았으면 먹었던 메뉴들에도 X 표시를 한다. 결과적으로 '오늘 점심은 생선구이 정식으로 해야겠군'으로 생각이 요약될 것이다.

바로 이것이 생각을 요약하는 과정이다. 가장 중요한 포인트는 빨간펜으로 실제로 적으면서 행한다는 동작에 있다. 우선 녹색펜으로 틀을 만들고, 발전시켜 그 안에 파란펜을 사용해 머릿속 정보를 정리한다. 이어서 빨간펜으로 적은 정보에 대한 사고를 발전시킨다. 종이에 적기 때문에 머릿속의 뒤죽박죽된 정보가 정리되고, 종이를 보면서 하기 때문에 생각이 달아나지 않아 집중할 수 있다. 따라서 자연스럽게 대답을 도출해낼 수 있는 것이 포인트다. 평소에 생각을 요약하는 작업이 서툰 사람들은 머릿속에서만 하려고 하기 때문에 사고가 진전되지 않는 것이다.

15

종이에 적는 시간을
제한해야 하는 이유

액셀 1의 틀을 만들어 키워드를 틀 안에 적을 때 작성하는 시간을 미리 정해두도록 한다. 앞의 예처럼 틀이 8개 있는 경우라면 주제가 적혀 있는 한 개를 제외한 나머지 7개의 틀을 메우는 시간 기준은 1분이다. 만약 1분이 지난 시점에서 일곱 개를 모두 메우지 못했다면 일단 그 상태에서 작업을 멈춘다. 틀의 수가 16개라면 2분 정도, 32개라면 5분 정도를 상한선으로 설정하면 된다.

왜 이와 같은 시간제한이 필요할까?

가장 큰 이유는 시간을 정하지 않으면 쓸데없이 계속 생각만 하고 요약이 되지 않기 때문이다. 애초에 파란펜으로 키워드를 적는 작업은 생각을 요약하는 과정이 아니다. 정보를 정리하는 과정이다. 따라서 제한시간을 정하고 생각을 요약하는 과정에서 일단 틀 안을 메우는 데 집중한다. 이 시점에서는 '이런 건 키워드가 안 되겠군…' 등으로 미리 제한할 필요는 없다. 일단 적어보고 나중에 취사선택하면 되기 때문이다.

'현지현물(現地現物)'이라는 토요타의 유명한 용어가 있다. 현장에 가서 실제 사물을 있는 그대로 보는 것이 중요하다는 의미로, '있는 그대로 보는' 능력을 단련하는 데에도 이 훈련은 효과적이다. 선입관이나 고정관념에 사로잡혀 있는 사람일수록 이 파란펜에 의한 키워드 추출 작업에 서툰 경향이 있다. 지금까지 천 명이 넘는 수강자를 만났는데 나이가 든 완고한 수강생일수록, 좀 더 극단적으로 말하면 워크숍 중에 계속 팔짱을 끼고 수강하는 사람일수록 이 작업을 하면 3분의 1도 메울 수 없는 경우가 많다. 반대로 중학생에게도 이 방법을 가르친 적이 있는데, 그 학생은 주위에 있던 사회인 수강생들이 깜짝 놀랄 정도로 깔끔하게 시간 내에 모든 틀을 채웠다.

처음부터 완벽한 것은 없다

키워드를 적는 시간을 제한하는 또 다른 이유는 눈앞의 작업에 좀 더 집중할 수 있기 때문이다. 학생 때 시험이나 사회인이 된 후의 승진시험, 자격시험, 혹은 프레젠테이션 등 가까운 예를 들면 끝이 없지만 가장 집중할 수 있는 타이밍이 언제였는지 떠올려보기 바란다. 아마도 시험 전날,

프레젠테이션 전날 등 거의 기한이 다가왔을 때였을 것이다. 벼랑에 서게 되면 쓸데없는 것을 생각할 여유가 없다. 대신에 목적 달성을 위한 집중력이 높아진다. 7개의 틀을 메울 경우에 최적의 시간은 내 경험상 대략 1분이다. 애초에 한 장으로 요약하는 이유는 그것이 일의 질과 효율 향상으로 이어지기 때문이다. 시간 단축을 위한 수단을 사용하는 데 오히려 시간을 들이게 된다면 말도 안 되는 일일 것이다.

액셀 1을 만들 때 또 하나의 중요한 포인트는 한번에 완벽하게 하려고 하지 않는 것이다. 해보고 납득이 되지 않으면 몇 번이고 다시 하면 된다. 한 장에 드는 시간은 고작 3분에서 5분이다. 처음부터 완벽을 지향하려고 하는 것보다 단시간에 여러 장 도전하는 게 좋은 결과물을 만드는 데 오히려 효과적이다.

16

컴퓨터와 손글씨,
어느 쪽이 더 효율적일까?

"꼭 손글씨여야만 하나요?"

워크숍에서 수강자들로부터 자주 듣는 질문이다. 손글씨로 틀을 만드는 건 힘드니까 컴퓨터를 사용해 미리 틀의 포맷을 만들어두고 이것을 복사해서 사용하면 되지 않느냐는 질문이다.

물론 액셀 1의 틀은 컴퓨터로 쉽게 만들 수 있다. 그러나 한 장으로 요약하는 작업에 충분히 익숙해진 사람이 아니라면 별로 추천하고 싶지 않다. 왜냐하면 틀의 숫자가 주제에 따라서 매번 변하기 때문이다. 아이디어 내는 걸 중시한다면 틀의 숫자는 가능한 한 많이 있는 게 좋고, 세미나 등의 수강 내용을 메모하는 경우라면 틀은 어느 정도 큰 게 편리하다. 또 실제로 손을 움직이면서 틀에 적는다는 동작은 생각을 요약하기 위한 적절한 준비운동도 된다.

동작을 바꾸면 마음은 따라온다

애초에 정리한다, 혹은 생각을 요약한다는 행위는 편안한 행위가 아니다. 올해 여름휴가 때는 어디로 갈까, 보너스가 들어오면 뭘 살까? 등 즐거운 경우를 생각하는 건 힘들지 않지만 일에 관한 것이나 익숙하지 않은 주제에 대해 생각하기 위해서는 많은 에너지가 필요하다. 따라서 싫은 일, 내키지 않는 생각 등은 자신도 모르게 뒤로 미뤄버리게 된다. 해야만 한다고 머리로는 알고 있어도 하고 싶지 않다는 마음이 이겨 첫걸음을 뗄 수 없는 것이다. '좋아 해볼까?'라는 의욕 모드로 바뀐다면 이상적이지만 쉽게 바꾸는 것은 불가능하다. 그래서 우선은 행동을 바꾸는 것이 좋다. 즉 동작부터 시작하는 것이다.

예를 들어 집이 너무 더러워 치워야지, 청소해야지 하고 생각하면서도 좀처럼 행동으로 옮기지 못할 때가 있다. 그럴 때는 우선 눈앞의 테이블 위라도 깨끗하게 해보자. 테이블 위에 있는 것을 전부 치우고 깨끗하게 닦는다. 그러면 이 동작이 도화선이 되어 의욕이 생겨나는 경우가 있다. 다른 곳도 치워야지, 청소해야지 하는 의욕이 샘솟게 되는 것이다.

틀을 굳이 손글씨로 적는다는 동작도 이와 마찬가지다. 노트에 선을 긋고 틀을 만들고 주제를 고민해 적는다. 머리는 사용하지 않고 어쨌든 손을 먼저 움직인다.

어떤 한 장이라도 우선 녹색 선을 종이 위에 쓱 긋는 작업부터 시작된다. 틀이 만들어지면 왼쪽 가장 위의 틀에 날짜와 주제를 적는다. 그리고 펜을 파란색으로 바꾼다. 그러면 이 동작에 의해 머릿속의 사고회로 스위치가 바뀐다. 자, 여기까지 왔다면 손으로 쓰는 것에 대한 저항감이 훨씬 줄어들어 있을 것이다. 오히려 비어 있는 틀을 메우고 싶은 마음이 생겨날 것이다. 이렇게 해서 '움직이는 게 귀찮아…' 상태에서 '남은 건 메우기만 하면 되는군'이라는 생각으로 자연스럽게 옮겨갈 수 있다.

손글씨로 적는 것을 추천하는 이유

요즘은 대부분의 사람들이 공적인 일이든 사적인 일이든 필요한 것은 전부 컴퓨터나 스마트폰 등을 사용해 글을 쓰기 때문에 펜을 들 기회가 거의 없다. 정리한다, 혹은 요약한다는 동작을 전혀 하지 않는 상태와 비교한다면 물론 컴퓨터상에서라도 하는 게 좋다. 그러나 역시 가능하다면 모두 손글씨로 쓰는 것을 추천한다. 왜냐하면 그렇게 하는 게 결과적으로 더 효율적이기 때문이다.

솔직히 말하면 토요타에서 한 장을 만들던 시절, 나는 당시에는 컴퓨터를 사용했다. 엑셀을 사용해 대부분의 작업을 했다. 손글씨가 깨끗하지 못했기 때문에 쓰고 싶지 않은 마음도 있었다. 그러나 토요타 근무 시절에도 완성 단계에서는 반드시 종이에 프린트해서 내용을 확인했다. 즉, 마지막 체크는 늘 지면상에서 했다. 그러면 반드시라고 해도 좋을 만큼 오탈자, 표현이 애매한 부분이 발견되었다. 컴퓨터 화면상에서는 미처 보이지 않던 실수다. 또 토판·폼즈주식회사가 실시한 실험에 따르면 컴퓨터 화면을 볼 때와 지면紙面을 볼 때는 같은 정보라도 뇌의 작용이 다르고, 지면을 볼 때 정보를 이해하려고 하는 뇌의 기능이 더 강하게 작동한다는 결과가 있다. 이러한 조사결과로도 알 수 있듯 종이에 손글씨로 적는다는 행위가 언뜻 보기에는 효율성이 떨어지는 것처럼 느껴질지도 모르겠지만, 당신의 뇌가 디지털 사회에 완벽히 적응해서 진화하지 않았다면 손글씨가 오히려 더 효율적이다.

17

자신만을 위해 만든 기획안은 통과되지 않는다

요약할 때는 반드시 처음에 마주해야만 하는 질문이 있다. 바로 '무엇을 위해 이 한 장을 작성하는가?'라는 질문이다. 당신이 앞으로 작성하려고 하는 서류가 무엇을 위한 것인지 그 목적을 명확하게 하고 요약 작업에 들어가야 하는 것이다.

이 질문은 토요타 근무 시절 상사에게 자주 들었던 질문이기도 하다. 서류를 만들 때뿐만 아니라 어떤 일이든 반드시 목적이 있다. 목적을 잃어버리면 일은 제멋대로 흘러가버린다. 내가 일의 목적을 잃어버린 것 같을 때마다 상사는 "애초에 이 일을 무엇 때문에 하고 있었지?", "애초에 이 서류, 무엇을 위해 작성하고 있었지?" 등의 질문을 했다. 이 질문은 제멋

대로 흘러가고 있던 나를 본래 달려야만 하는 길로 되돌려주었다. '애초에'라는 말로 궤도를 수정해주었던 것이다. 앞서 말한 시안을 비롯해 《토요타의 입버릇トヨタの口ぐせ》이라는 책에도 나와 있는 것처럼 토요타에는 사내에서 주고받는 독특한 말이 여럿 있지만, 내 경험상 가장 토요타다운 입버릇은 이 '애초에'라고 생각한다.

누가 읽는 서류인지 명확히 한다

한 장을 작성하기 위해 '애초에 무엇을 위해 작성하는가?'를 생각할 때는 요령이 필요하다. 우선 작성하려고 하는 서류의 읽는 사람을 명확히 해야 한다. 즉, 한 장을 읽는 상대(혹은 전달할 상대)가 누구인지를 정확히 확인하는 것이다. 토요타에 근무할 때 특히 이 부분은 제대로 배웠다. 자료를 읽는 사람이 사외 사람인지 사내 사람인지, 사내라면 다른 부서 사람인지, 같은 부서 사람인지 나아가 부장인지 임원인지 등을 구체적으로 생각하라고 배웠다.

읽는 사람이 명확해지면 다음 단계는 그 상대에게 어떤 반응을 받고 싶은지를 생각한다. 예를 들어 기획서라고 한다면 읽는 사람은 상사나 임원, 사장 혹은 거래처 담당자인 경우도 있을 수 있다. 그들에게 기대하는 반응은 '확실히 이 내용이라면 안심이군', '이 기획을 진행시켜야겠군'이라는 생각이 들게 하는 것이다. 영업 보고서라면 읽는 사람이 상사인 경우가 많을 것이다. 상사에게 기대하는 것은 나의 영업 내용을 잘 알아주는 것이다. 프레젠테이션 자료라면 상사나 고객 등 읽는 사람들이 공감해주는 것이다.

 이처럼 한 장에는 반드시 읽는 상대, 혹은 전달할 상대가 있다. 그리고 그 상대가 기대한 반응이나 행동을 해줄 때 비로소 살아 있는 자료가 된다. 다시 말해 '애초에 무엇을 위해 작성하는가?'라는 질문은 서류의 읽는 사람과 그 읽는 사람에게 기대하는 반응과 행동을 명확히 하기 위해서 꼭 해야만 하는 질문이라고 할 수 있다.

Q. 읽는 사람은 누구인가?

Q. 읽는 사람에게 어떤 반응을 받고 싶은가?

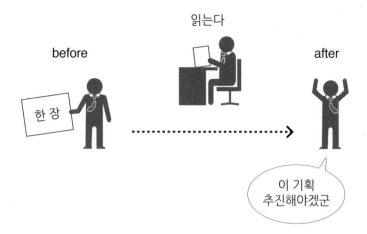

자신만을 위해 만든 기획은 통과되지 않는다

"기획서를 작성하는 목적은?" 하고 물으면 "내 기획을 통과시키기 위해서"라고 대답하는 사람들이 있다. "프레젠테이션 자료를 작성하는 목적은?"이라는 질문에는 "내가 프레젠테이션을 할 때 잘 설명할 수 있도록 하기 위해서"라고 대답하는 사람도 있다. 물론 틀린 대답은 아니지만 자신만을 위한 단계에 그쳐버리면 결국에는 자신에게도 도움이 되지 않을 뿐만 아니라 결과도 좋지 않은 경우가 많다.

자신의 기획서를 통과시키기 위해서 본인이 전달하고 싶은 것만을 호소하는 기획서는 잘 통과되지 않는다. 기획서를 읽는 사람은 기획서를 읽으면서 이 기획에 과연 통과 사인을 해도 좋을지 생각한다. 따라서 당연한 이야기지만 그 판단 재료가 되는 정보가 기획서에 담겨 있어야 한다.

상대가 알고 싶은 것은 무시하고 자신이 전달하고 싶은 정보만을 실어서는 상대의 마음을 움직일 수 없다. 예를 들어 메일 등에서 일방적으로 자신이 말하고 싶은 것만을 계속 말하는 데 불쾌감을 느낀 적은 없었나? 정리가 되어 있지 않은 장문을 계속 나열한 끝에 마지막에만 "장문임에도 불구하고 읽어주셔서 정말 감사했습니다"라는 감사로 마무리를 짓는 유형의 메일 말이다. 마지막에 감사하다고 하니 할 말은 없지만 애초에 장문을 쓰지 말아야겠다는 노력이 보이지 않는데도 마무리에 이 말을 사용해버리는 것은 오히려 역효과다. 중요한 것은 읽는 사람이나 듣는 사람을 무시한 자기 중심의 기획서나 프레젠테이션은 이러한 메일과 큰 차이가 없다는 것이다. '자신을 위해서'라는 단계에서 한 단계 높여 읽는 사람, 받는 사람을 배려해야만 한다. 원하는 반응을 상대로부터 얻기 위해서는 어떤 한 장으로 만들면 좋을지를 먼저 생각해야만 한다. 결국에는 이것이 자신의 기획을 통과시키고 프레젠테이션의 공감으로 이어지기 때문이다.

18

엑셀 1으로 프레젠테이션 자료를 만든다

이제 실제 목적에 맞는 엑셀 1의 사용법을 알아보자.

새로운 프레젠테이션 자료를 만들 경우를 예로 들어 설명하겠다. 화장품회사에 입사한 지 6년째인 A씨가 상사에게 신상품 기획에 대해 프레젠테이션을 하게 되었다고 하자. 이때 우선 생각해야 될 것은 '애초에 왜 이 자료를 작성하는가?'이다. 자료를 읽는 사람(듣는 사람, 전달할 상대)과 목적을 명확히 한다.

- 자료를 읽는 사람 …… 상사
- 자료의 목적 …… 기획 내용에 대해 상사를 이해시키는 것. 결과적으로 상사로부터 기획안대로 진행해도 된다는 사인을 받는 것

자료를 읽는 사람과 목적에 대해 명확히 했다면 이제 다음 과정으로 넘어가자. 만약 여전히 모호한 상태라면, 액셀 1이 등장할 차례다. 앞서 설명한 작성법에 따라 '읽는 사람은 누구인가?' 혹은 '목적은 무엇인가?'라는 주제를 왼쪽 위에 기입하고 남은 틀에 각각 생각나는 답안을 적는다. 기준은 틀 8개, 1분 이내로 충분하다.

이어서 '프레젠테이션을 할 때 사람들이 무엇에 대해 질문할 것인가?'를 예상한다. 역시 액셀 1을 사용한다. 이번에는 틀의 숫자를 16개로 해, 주제 부분에 '상사가 지적할 것 같은 질문은?'이라고 녹색펜으로 기입한다. 그리고 주제에 대한 답을 파란펜으로 나머지 틀 안에 적는다. 앞서 말한 대로 이 단계에서는 너무 깊이 생각하지 말고 생각나는 대로 계속 적는다.

한 장의 종이에 복수 항목이 있으면 우선은 그것을 보자. 그리고 적은 질문 중에 '읽는 사람이 가장 알고 싶어 하는 질문은 어느 것일까?'를 생각한다. 우선 비슷한 상황에서 상사가 항상 어떤 걸 물었는지 떠올려보자. 기획 내용을 무엇보다도 중시하는 사람, 예산을 가장 신경 쓰는 사람 등 질문 방식에도 상사들마다 개성이나 버릇이 있는 법이다. 상대가 신규 고객과 같이 미지의 인물이라면 상대 입장을 상상해보자. 만약 읽는 사람이 가장 알고 싶어 하는 정보가 '이 상품의 강점은?'이라고 하자. 질문이 확정되면 그 질문에 대해 다시 액셀 1을 사용해 대답을 적는다.

2015.12.4 Q: 상사가 지적할 것 같은 질문은?	가격은?	패키지의 이미지는?	왜 지금 이 상품을?
상품의 타깃은?	경쟁 상품과의 차이는?	경쟁 상품은?	이 상품의 강점은?
왜 우리 회사에서 만들어야 하는가?	프로모션은?	어디에서 팔 것인가?	이윤 폭은?
고객은 무엇을 아쉬워하고 있는가?	새로움은?	품질은?	

① 우선 주제에 대한 대답을 생각이 나는 대로 계속 적어 간다.

② 읽는 사람이나 듣는 사람이 가장 알고 싶어 할 것 같은 것을 고른다.

2015.12.4 Q: 이 상품의 강점은?	간단	노화방지	Q10
10초	화장수 유액(乳液) 기초화장 이 한 병으로	합리적 가격	자연 지향
20대부터 시작한다	아기 피부	맨들맨들	향기가 좋다
색을 고를 수 있다 (10색)	1년 내내 같은 걸 사용할 수 있다	통 교환이 가능	

③ 선택한 질문에 대해 다시 다른 액셀 1을 사용해 대답을 적는다.

새로운 의문이 생겼을 때

실제로 종이에 적는 동안에 '어쩌면 이 부분을 더욱 자세하게 물을지도 몰라', '이러한 각도에서 파고들지도?' 등으로 새로운 의문이 떠오르는 경우가 있다. 신규 상품 기획안이라면 상품의 강점을 적은 후 '왜 이것이 강점이라고 생각하는가?'라는 질문을 떠올리게 될 것이다.

이처럼 새로운 의문이 생기면 다시 다른 액셀 1을 만들어 파란펜으로 키워드를 메우고 빨간펜으로 요약하는 작업을 한다. 또 앞서 나왔던 질문 중 대답이 몇 개 더 나올 것 같은 질문에 대해서도 똑같이 액셀 1을 사용해 대답을 적는다. 일부러 적지 않아도 바로 대답할 수 있는 질문은 여백에 메모해둔다. 이렇게 해서 예상한 질문에 대한 대답이 모두 갖추어지면 다음은 생각을 요약하는 작업으로 들어간다.

적으면서 새로운 의문이 생겼을 때

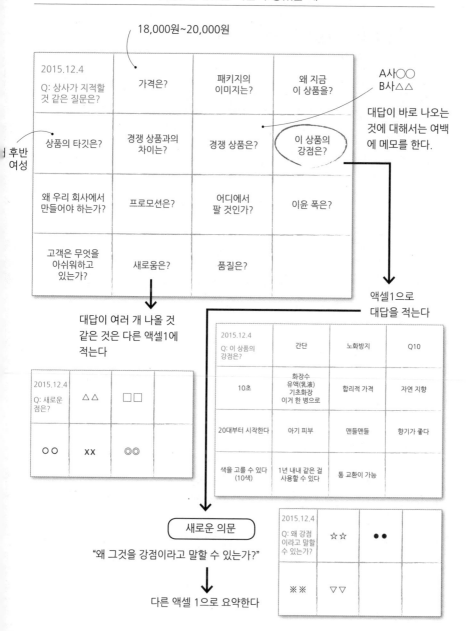

18,000원~20,000원

2015.12.4 Q: 상사가 지적할 것 같은 질문은?	가격은?	패키지의 이미지는?	왜 지금 이 상품을?
상품의 타깃은?	경쟁 상품과의 차이는?	경쟁 상품은?	이 상품의 강점은?
왜 우리 회사에서 만들어야 하는가?	프로모션은?	어디에서 팔 것인가?	이윤 폭은?
고객은 무엇을 아쉬워하고 있는가?	새로움은?	품질은?	

후반
여성

A사○○
B사△△

대답이 바로 나오는
것에 대해서는 여백
에 메모를 한다.

대답이 여러 개 나올 것
같은 것은 다른 액셀1에
적는다

2015.12.4 Q: 새로운 점은?	△△	□□
○○	XX	◎◎

액셀1으로
대답을 적는다

2015.12.4 Q: 이 상품의 강점은?	간단	노화방지	Q10
10초	화장수 유액(乳液) 기초화장 이거 한 병으로	합리적 가격	자연 지향
20대부터 시작한다	아기 피부	맨들맨들	향기가 좋다
색을 고를 수 있다 (10색)	1년 내내 같은 걸 사용할 수 있다	통 교환이 가능	

새로운 의문

"왜 그것을 강점이라고 말할 수 있는가?"

다른 액셀 1으로 요약한다

2015.12.4 Q: 왜 강점 이라고 말할 수 있는가?	☆☆	●●
※※	▽▽	

19

"한 마디로 말하자면?"

회사 선배나 동료들에게 일에 대한 질문을 했을 때 한 마디로 명쾌하게 이해하기 쉽게 대답해주는 사람도 있고, 서두가 길고 마지막까지 좀처럼 대답을 해주지 않는 사람, 혹은 결국 마지막까지 명쾌한 대답을 해주지 않는 사람 등 여러 타입의 사람들이 있을 것이다. 이럴 때 당신이 원하는 것은 이해하기 쉽고 명쾌한 한 마디일 것이다. 이건 상사도 마찬가지다.

"이 건을 한 마디로 말하자면 무슨 말이야?"

"이 기획을 한 마디로 말하자면 어떤 거야?"

"요컨대 무슨 말이야?"

그렇다. 기본적으로 모두 알고 싶거나 알아야만 하는 내용에 대해서는 누구나 가능한 한 빠르고 정확하게 이해하고 싶어 한다. 그것은 서류를 읽는 사람도 마찬가지다. 따라서 한 장으로 요약할 때는 "한 마디로 말하자면?"이라는 질문이 중요한 열쇠가 된다.

하나로 다 요약할 수 없다면 최대 세 개까지 OK

프레젠테이션 자료 작성법에서는 상대가 가장 알고 싶어 하는 질문을 골라내 액셀 1으로 대답을 찾아내는 순서가 중요하다. 앞 페이지에 있는 그림처럼 주제에 대한 대답이 여러 개 나왔을 경우 그것들을 단지 종이 위에 나열하는 것만으로는 이해하기 힘들다. 이때 등장하는 것이 "한 마디로 말하자면?"이다. "이 상품의 강점은?"이라는 주제에 대해 요약할 때는 이 상품의 강점을 한 마디로 말하자면 어떻게 되는가를 생각하면 된다.

지금부터는 빨간펜으로 바꾼다. 그리고 종이를 보면서 가장 강점이라고 생각되는 부분에 동그라미를 한다. 순위를 정하기 힘들고 하나로 요약할 수 없는 경우에는 최대 세 개까지 골라 동그라미를 한다. 네 가지 이상이면 상대가 이해하기 힘들어지기 때문에 최대 세 개까지로 해두는 게 좋다. 물론 하나로 요약하는 것이 가장 좋다. 이렇게 하면 체크한 것이 그대로 상품의 가장 큰 강점이 된다. 이를 토대로 "한 마디로 말하자면 ○○○가 이 상품의 강점입니다", "강점은 세 가지 있습니다. 첫 번째는…, 두 번째는…, 세 번째는…"이라는 식으로 논리적으로 설명할 수 있게 된다.

또 하나로 요약할 수 없어 복수 항목이 체크되었을 때는 서로의 공통점을 찾아보면 한 마디로 요약할 수 있는 포인트가 발견되는 경우도 있다.
꼭 시도해보자.

한 마디로 말할 수 있는 대답을 찾는다

2015.12.4 Q: 이 상품의 강점은?	간단	노화방지	Q10
10초	화장수 유액(乳液) 기초화장 이 한 병으로	합리적 가격	자연 지향
20대부터 시작한다	아기 피부	맨들맨들	향기가 좋다
색을 고를 수 있다 (10색)	1년 내내 같은 걸 사용할 수 있다	통 교환이 가능	

가장 대답으로 어울리는 것을 골라 빨간펜으로 표시를 한다
(하나로 한정할 수 없는 경우에는 최대 세 개까지)

↓

한 마디로 말하자면…

> 20대부터 시작한 노화방지를
> 이 한 병으로 실현할 수 있다

지금까지 생각을 요약하는 과정에 대해 설명했다. 녹색펜으로 틀을 만들고, 파란펜으로 키워드를 적고, 빨간펜으로 중요한 항목에 동그라미를 한다. 여기까지 되었다면 남은 건 정리한 정보를 자료로 요약하는 과정만 남았다.

20

전달력을 높이는
비장의 방법

　지금까지 설명한 '정리한다', '생각을 요약한다'라는 과정이 제대로 이루어지면 '전달하는' 과정은 매우 간단하다. 왜냐하면 요약된 내용을 그대로 이야기하는 것만으로도 충분하기 때문이다.

　많은 사람들이 자신의 생각이 제대로 '전달되지 않는다'라는 고민을 안고 있는 이유는 애초에 생각을 전달하기 전에 요약을 하지 않았기 때문이다. 그렇다면 왜 생각을 요약할 수 없었던 것일까? 그 이유는 바로 생각할 토대가 되는 정보를 정리하지 않은 채 바로 생각하려고 하기 때문이다. 녹색과 파란펜을 사용해 정보를 정리하고 빨간펜을 사용해 생각을 요약한다. 이 순서를 몸에 익히면 이해하기 쉽게 전달하는 것은 충분히 가능하다. 다만 한 장의 기능을 보다 높이고 한 층 더 상대에게 쉽게 전달하려면 전달하는 방식에도 요령이 있다.

기회를 놓치지 않는 사람들이 하는 동작

토요타에 근무할 때 내 고민 중 하나는 상사들이 너무나 바쁘다는 것이었다. 내가 담당했던 업무는 우리 부서뿐만 아니라 타 부서의 결재를 받지 않으면 진행시킬 수 없는 안건이 여러 개 있었다. 그렇기 때문에 결재사인을 받기 위한 한 장은 특히 신중히 생각하고 작성했다. 내 서류를 읽을 상대는 몹시 바쁜 상사다. 완성된 한 장을 건네주고 설명을 하면 일단은 들어주지만 서류를 받은 후 며칠이 지나도록 답변을 해주지 않는 경우도 있었다. 솔직히 일이 진행되지 않아 "나는 이렇게 깊이 생각하고 힘들게 작성했는데…"라며 동료에게 푸념을 늘어놓은 적도 있다. 그러나 푸념을 늘어놓는다고 해서 일이 진행되는 것은 아니다.

그래서 내 주변에 있는 순조롭게 일을 진행시키고 있는 선배나 일을 잘한다고 인정받는 선배를 자세히 관찰했다. 그러자 그들이 공통적으로 사소한 '동작'을 하고 있다는 것을 깨달았다. 그것은 '서류를 보여주면서 손가락으로 가리킨다'라는 동작이었다. 그들은 상사에게 보고, 연락 등을 할 때 한 장의 서류를 준비할 뿐만 아니라 그것을 보여주면서 설명을 하고, 나아가서는 설명하고 있는 지점을 손가락으로 가리키고 있었다. 예를 들어 그래프 부분을 손가락으로 가리키면서 "이 그래프가 나타내는 것처럼 이번 달 예산 소화율이 무척 내려가 있습니다" 등으로 설명을 한다. 나도 즉시 따라해봤다. 설사 시간이 1분밖에 없어도 상사에게 반드시 한 장의 서류를 보여주고 손가락으로 가리키면서 설명하려고 했다. 때로는 상사가 엘리베이터를 타고 있는 불과 수십 초인 경우도 있었다. 서류를 보여주면서 손가락으로 가리키는 것은 정말 사소한 동작이다. 그러나 이 사소한 동작으로 이전보다 상사의 주의를 확실히 끌 수 있었고 전달력도 크게 향상되는 것을 실감했다.

21

'말의 구조'를 보여주면 사람들은 더 주목한다

보고, 연락, 판로 확장, 의뢰, 교섭 등, 일은 누군가에게 일정한 무엇을 전달하는 과정의 연속이라고 할 수 있다. 다른 사람에게 전하고자 하는 것이 있을 때는 이야기의 '구조'를 먼저 보여주면 상대는 보다 빠르게 이해한다.

이집트로 여행을 갔을 때 이 원리를 새삼스레 실감했다. 여행 중 가이드 투어에 참가했는데, 우리말을 유창하게 하는 여성 가이드가 현지 세계유산에 대해 설명하고 있었다. 이 가이드는 마이크 스위치의 온과 오프를 능숙하게 사용하고 있어 감탄할 수밖에 없었다. 그녀는 기본적으로는 마이크를 사용해 이야기했지만 때때로 마이크 스위치를 끄고 이야기를 했다.

"이 왕가의 무덤에는 역대 27명의 국왕이 잠들어 있습니다"라고 이야기한 후 마이크 스위치를 끈다. 그런 다음 마이크 없이 "부인들의 무덤 숫자는 훨씬 많습니다. 누구 부인이 가장 많았다고 생각하시나요?" 하면서 농담을 덧붙인다. "큰소리로 말할 수 없는 우리만의 이야기예요"라며 재미있는 에피소드를 덧붙이는 것이다. 이것이 그녀 화법의 '구조'였다. 몇 번같은 상황이 반복되면 듣는 사람들은 그녀가 마이크 스위치를 끄는 건 뭔가 재미있는 걸 말하려고 하기 때문이라고 짐작하게 된다. 투어 참가자들이 그녀의 화법 구조를 파악한 것이다. 그녀가 스위치를 끄는 것만으로도모두 자연스럽게 그녀에게 주목하고 경청한다. 이번엔 어떤 재미있는 걸말해줄까? 하고 기대하며 그녀의 이야기에 집중한다. 즉, 이미 '웃을 준비는 되어 있어'라는 자세로 이야기를 듣게 되는 것이다. 그러면 별로 재미있지 않은 내용일지라도 사람들은 웃게 된다.

이처럼 듣는 사람이 말하는 사람의 화법 구조를 알고 있으면 '들어야지'라는 기분이 자연스럽게 생긴다. 이야기가 어느 방향으로 흐를지 알 수없다면 어지간히 재미있는 이야기가 아닌 한 듣는 사람의 집중력은 떨어질 수밖에 없다.

전달방식이 곤란할 때의 구조 문구

마찬가지로 당신이 만든 한 장의 내용을 누군가에게 전달할 때도 우선은 이야기의 구조를 상대에게 보여주는 것이 좋다. 그렇게 어려운 일은아니다. 다음처럼 설명할 내용의 방향성을 미리 말해주면 된다.

"이 기획의 가장 큰 강점을 한 마디로 말하자면….”

"이유는 세 가지가 있습니다. 우선 첫 번째는….”

"일은 세 단계로 진행시킬 생각입니다. 첫 번째 단계는….”

특히 효과가 좋은 말은 "한 마디로 말하자면…”과 "이유는 세 가지가 있습니다”이다. "한 마디로 말하자면…”이라는 말을 들으면 듣는 사람은 '이제부터 한 마디로 정리해 말해주는군'이라고 짐작할 수 있다.

"이유는 세 가지가 있습니다”라는 말을 들으면 '이제부터 세 가지 이유를 설명해주겠군' 하며 들을 준비를 할 수 있다. 이처럼 이야기의 방향을 알 수 있으면 듣는 사람은 좀더 편안하게 경청할 수 있다. 전달하는 데 서툴다는 자의식이 강한 사람일수록 이러한 구조 문구를 사용하는 데 익숙하지 않다. 좀 더 말하자면 자신은 구조 문구를 사용하는 사람이 아니라는 고정관념, 마음의 장벽이 작용하는 경우도 있다. 한 장으로 요약할 때 세 가지 포인트를 중시한 이유는 보다 알기 쉽게 전달하기 위한 구조를 만드는 것이기도 하다.

앞서 말한 《성공하는 사람들의 7가지 습관》이라는 책을 나는 자주 세미나에서 언급한다.

수강생들에게 "이 책을 읽은 분은 손을 들어주십시오”라고 물으면 베스트셀러인 만큼 많은 사람들이 손을 든다. 하지만 "7가지 습관을 전부 외우고 있는 사람 있나요?"라고 물으면 대부분 손이 올라오지 않는다. 고작 세 개까지 외우는 사람이 대부분이다. 사람이 한번에 파악할 수 있는 정보의 수는 대체로 세 개까지가 평균인 듯하다.

22

액셀 1 사용법 1
-스피치 원고를 작성한다

액셀 1은 기획서나 보고서, 협의 자료와 같은 서류 작성 이외에도 활용할 수 있다. 즉, 다음 경우에도 활용할 수 있다.

① 스피치 원고를 작성한다

② 어려운 이야기의 이해를 돕는다

③ 일의 우선순위를 정한다

우선 스피치 원고를 작성하는 법부터 알아보자. 직장인은 자기소개를 하거나 상사에게 고객과의 협의 결과를 보고하거나 프레젠테이션을 하는 등 다른 사람들 앞에서 발표할 일이 자주 있다. 이때 액셀 1을 사용해 원고를 작성하면 좋다. 자기소개를 하는 경우를 예로 들어보자. 우선 액셀 1

으로 원고를 작성하기 전에 자기소개를 실제로 해보자. 갑자기 하려면 어려우니까 생각할 시간을 2분 30초 정도 가지고(종이를 사용하지 않고 머릿속으로만) 그 후에 소리를 내어 30초간 간단히 자기소개를 한다. 그리고 액셀 1을 사용하기 전의 자기소개는 이런 느낌이라는 것을 기억한다.

지금부터는 실제로 액셀 1을 사용해 자기소개 원고를 작성한다.

❶ 처음에는 녹색펜으로 틀을 만드는 것부터 시작한다. 자신에 관한 내용이니까 틀 숫자는 조금 많이 잡아 16개, 혹은 32개로 한다.

❷ 왼쪽 위의 틀에 날짜와 주제를 기입한다. 주제는 "나를 소개한다면?", "나는 어떤 사람?", "나에 관한 키워드는?" 등이다. 주제를 정하고 녹색펜으로 기입한다.

❸ 파란펜으로 바꿔 주제에 따라 자신에 관한 키워드를 넣는다. 출신지, 연령, 직업 등 무엇이든 상관없다. 생각이 나는 대로 적는다.

기준 시간은 틀이 16개인 경우에는 1분 30초, 32개인 경우에는 약 3분이다. 자신에 관한 것이니 가능한 한 쉽고 빠르게 모든 틀을 메우도록 한다. 다만 제한 시간을 지나면 설사 채우지 못한 틀이 있더라도 그대로 멈춘다.

액셀 1으로 프레젠테이션 자료를 만든다

① 녹색펜으로 틀을 만든다

2015.12.4 Q: 나를 소개한 다면?			

② 파란펜으로 키워드를 넣는다

2015.12.4 Q: 나를 소개한 다면?	문제해결	밴쿠버	SAVAGE GARDEN (호주의 팝 밴드)
토요타	독서 5천 권	L · A	라르크앤시엘 (일본 락 밴드)
그로비스	전해진다	요세미티 국립공원	싱크 더 소레이유
한 장	나고야	라면	드러커

③ 빨간펜으로 이야기 할 순서를 생각한다

2015.12.4 Q: 나를 소개한 다면?	문제해결	밴쿠버	SAVAGE GARDEN
② 토요타	독서 5천 권	L·A	라르크앤시엘
그로비스　④ 전해진다	요세미티 국립공원	싱크 더 소레이유
한 장　③　나고야 ①	라면	드러커

 이번에는 빨간펜으로 바꿔 들고 키워드를 보면서 이야기할 순서를 생각한다. 처음에 이야기하려고 하는 것에 대해서는 ①, 다음에 이야기하려고 생각한 것에는 ②처럼 번호를 매긴다. 동그라미를 한 숫자는 자기소개 발표시간을 기준으로 정한다. 발표할 시간이 30초라면 7개 전후가 적당하다. 이 작업을 1분 동안 한다.

❹ 여기까지 하면 남은 건 발표만 하면 된다.

❹단계에서는 번호순대로 이야기한다. 이때 번호가 달린 키워드를 손

가락으로 가리키면서 이야기를 하면 보다 효율적으로 이야기할 수 있다. ①의 키워드 이야기가 끝나면 다음은 ②의 키워드를 손가락으로 가리키면서 이야기하는 식으로 말이다. 손가락으로 가리키지 않고 발표하면 많은 사람들이 눈앞의 한 장을 무시한 채 이야기한다. 그만큼 손가락으로 가리키는 것의 영향력은 크다.

'키워드만 갖고 정말 제대로 된 문장으로 말할 수 있는 거야?' 하고 의문을 가진 사람이 있을지도 모르겠지만 걱정할 필요는 없다. 실제로 해보면 알 수 있겠지만 한 장의 종이에 키워드를 기입하고 이야기할 순번에 따라 손가락으로 가리킨다는 동작을 충실히 수행하면 의외로 쉽게 이야기를 할 수 있게 된다.

내가 토요타에서 매일 작성했던 한 장도 역시 키워드, 혹은 명확한 표현이 중심이었다. 내용에 대해 깊이 생각하고 정리할 수 있으면 그 키워드를 근거로 이야기할 내용은 자연스럽게 나온다.

실제로 액셀 1을 사용해 자기소개를 하면 대부분의 사람들이 액셀 1을 사용하기 전과의 차이를 깨닫고 깜짝 놀란다. 또 바로 앞에 한 장이 있기 때문에 자연스럽게 발표할 때 목소리가 커지고 자신감이 넘치게 된다. 한 장에 의지해 다른 사람 앞에서도 안심하고 이야기할 수 있기 때문이다. 다른 사람 앞에서 이야기를 하면 긴장하는 사람들은 꼭 이 활용법을 실천해보기 바란다. 긴장하지 않고 이야기할 수 있게 될 것이다.

액셀 1을 사용한 자기소개의 예

- A 씨

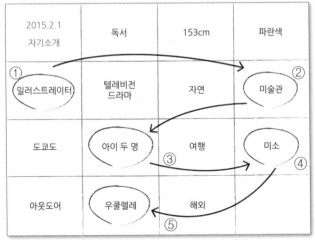

2015.2.1 자기소개	독서	153cm	파란색
① 일러스트레이터	텔레비전 드라마	자연	② 미술관
도쿄도	③ 아이 두 명	여행	④ 미소
아웃도어	⑤ 우쿨렐레	해외	

저는 일러스트레이터로서 일하고 있습니다. 이전에는 공부를 위해 자주 미술관에 갔습니다. 하지만 어린 자녀가 두 명 있어 최근에는 그럴 시간이 없고 일도 많아 미소가 사라졌습니다. 하지만 미소를 되찾기 위해 최근 우쿨렐레라는 취미를 시작했습니다.

- B 씨

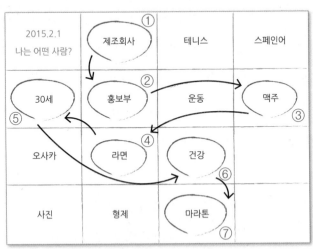

2015.2.1 나는 어떤 사람?	① 제조회사	테니스	스페인어
⑤ 30세	② 홍보부	운동	③ 맥주
오사카	④ 라면	건강	⑥
사진	형제	⑦ 마라톤	

제조회사의 홍보부에서 일하고 있습니다. 먹는 것과 마시는 것을 아주 좋아해 매일처럼 맥주와 라면을 먹습니다만 작년에 서른 살이 되어 이대로는 곤란하다고 생각해 건강을 위해서 마라톤을 시작했습니다. 올해 안에 마라톤 완주를 목표로 하고 있으며, 이번 주말에도 대회에 나갈 예정입니다.

23

무엇을 쓸지 떠오르지 않을 때 대처하는 법

문장을 요약할 때는 두 가지를 명심해야 한다. "무엇에 대해 요약할 것 인가?", "어떤 순서로 요약할 것인가?"를 정하는 것이 그것이다. 이 두 가 지가 정해지면 글은 비교적 쉽게 완성된다. 하지만 대부분의 사람들은 이 두 가지 요소를 머릿속으로만 생각하려고 한다. 머릿속만으로 생각하려 고 하면 정보가 넘쳐흘러 정리가 잘 되지 않거나 효과적으로 정보를 끌어 내지 못해 쓸 내용이 잘 떠오르지 않는다. 이때 엑셀 1을 사용해 머릿속 생각을 한눈에 보이도록 만든다. 정보가 너무 많아 정리가 되지 않을 경 우에는 이렇게 하는 것만으로도 의외로 말끔히 정리할 수 있다.

직접 글로 적어보면 어떤 식으로 뒤죽박죽되어 있는지, 머리에 어떤 정 보가 들어 있는지를 눈으로 보고 파악하는 동안 필요한 정보와 그렇지 않은 정보의 선별도 쉬워진다. 정리의 기본은 우선 정리할 것들을 전부 꺼내 보는 것이다. 예를 들어 복잡한 책상 서랍 안을 정리하려면 우선 내용물을 전부 꺼내야 한다. 서랍에 들어 있는 것들을 전부 눈앞에 꺼내고 필요한 물건과 그렇지 않은 물건으로 분류해 필요없는 물건은 버린다. 그리고 남은 물건은 용도별로 분류해서 다시 넣는다. 이렇게 하면 서랍은 깔끔히 정리된다.

어디서부터 시작해야 할지 모르겠을 때의 대처법

무엇부터 써야 할지 생각나지 않는 경우에도 액셀 1은 유용하다. 쓸 게 아무것도 떠오르지 않는다는 사람들 대부분은 처음부터 요약된 이야기를 쓰려고 하기 때문이다. 하지만 요약된 이야기는 바로 떠오르지 않는다. 따라서 액셀 1을 사용해 키워드를 찾아야 한다. 예를 들면 출신지인 도쿄, 취미인 마라톤처럼 일단 키워드만 넣는다. 이러한 간단한 작업이 발상을 도와준다. 또 키워드를 찾다가 막혀버리는 경우도 있다. 자신을 소개할 키워드로서 업무인 '영업'과 나이인 '35'라는 키워드는 나왔지만 다른 것이 전혀 떠오르지 않는 경우다. 이럴 때 도움되는 것이 시간제한과 틀이다. 제한된 시간 내에 제한된 곳을 메워야만 한다고 생각하면 머릿속이 바쁘게 움직이기 시작한다. '어떻게든 메우지 않으면…. 아, 취미 키워드가 있었네. 취미와 함께 가족 구성원을 소개해도 좋을지 모르겠군' 등으로 생각이 빠르게 움직인다. 그러면 줄줄이 계속해서 키워드가 나오는 경우도 있다. 이처럼 액셀 1은 머릿속을 정리하고 발상 전환을 가능하게 해준다. 따라서 자기소개만이 아니라 여러 분야의 내용을 요약할 때도 도움이 된다.

24

액셀 1 사용법 2
-어려운 이야기의 이해를 돕는다

회의 내용을 이해하지 못하거나 거래처를 방문해 이야기를 들었지만 상대 이야기를 잘 이해할 수 없는 경우가 있다. 이러한 경우에도 액셀 1을 사용한다. 복잡한 과정이 될 것 같은 협의나 회의 때는 틀을 넣은 종이 한 장을 미리 준비한다. 틀의 숫자는 16개라면 부족할 수 있으니 32개를 준비한다. 협의나 회의 때 이 종이를 앞에 놓는다. 왼쪽 위에 있는 틀에는 날짜와 회의 주제를 적는다. 이렇게 틀을 만들려고 했을 때 회의 주제가 떠오르지 않아 쓸 수 없는 경우도 있다.

협의나 회의 때는 한 장을 준비한다

2015.12.4 ~회의						

그렇다면 스스로에게 물어보자. '애초에 할 필요가 있는 회의인가?'라고 말이다. 주제가 애매한 회의는 의외로 많다. 그러나 대부분의 경우 회의 참석자들은 그 사실을 깨닫지 못한다. 이때 액셀 1을 만들어 주제를 적는 작업을 실천해보자. 이렇게 하는 것만으로도 회의가 훨씬 내실 있게 바뀌게 될 것이다.

주제를 적었다면 남은 건 회의 참석자가 이야기하는 내용을 틀에 기입하는 것이다. 기입할 때의 요령은 상대의 이야기를 처음부터 끝까지 전부 기록하려고 하지 않는 것이다. 포인트가 될 것 같은 키워드나 '이건 중요하겠군'이라고 생각한 곳, 또는 반대로 의미를 모르는 말이 나오면 그것도 적는다. 하나의 틀에 넣는 키워드는 원칙적으로 하나다. 문장을 기입해도 상관 없지만 화제가 바뀌면 새 틀에 기입한다. 이 단계에서는 너무 깊이 생각하지 말고 담담하게 이야기 내용을 경청한다.

중요한 것은 지금부터다. 눈앞의 한 장을 보면서 생각을 요약하는 작업으로 옮길 때 여러 가지 질문을 해보자. 예를 들어 거래처 담당자 말이 이해되지 않을 경우 '이 사람은 결국 뭘 원하는 거지?'라는 의문을 갖고, 그 대답을 액셀 1 안에서 찾는다. '이것인가?'라고 생각한 것을 찾아내 동그라미를 한다. 복수의 동그라미가 있는 경우에는 관계 있어 보이는 것끼리 선으로 묶는다.

액셀 1으로 회의 내용을 요약한다

△□●○※☆◎▽○★☆●◇★○★★※☆★◎▲…
단지 늘어세운 것만이라면 관계성을…

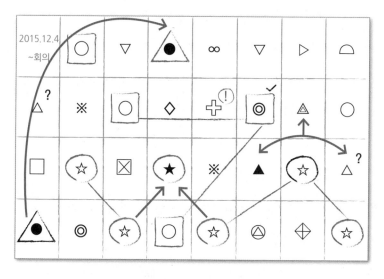

일람할 수 있도록 하면 관계성을 파악하기 쉬워진다

동그라미를 한 것끼리 공통점은 없는지도 살펴본다. '이 회의에서 결정된 사항은?', 참석자들이 합의한 사항은?'과 같은 의문을 가져보자. 이때 적절한 대답이 될 것 같은 키워드에 동그라미를 한다. 동그라미를 한 키워드에 공통점이나 공통 항목이 있는 경우에는 그것을 빈 공간에 적는다. 또 의미를 몰랐던 키워드가 있으면 인터넷 등을 사용해 찾거나 상사에게 직접 질문한다. 이렇게 하는 것만으로도 협의나 회의에 대한 이해도가 한층 더 올라갈 것이다.

회의에서 미아가 되지 않기 위해

회의 기록에 액셀 1을 사용할 때의 장점은 이 외에도 여럿 있다. 협의나 회의가 항상 한 방향을 향해 논리정연하게 진행되는 것은 아니다. 갑자기 화제가 바뀌거나 원점으로 돌아가거나 할 때도 자주 있다. 이 경우 액셀 1으로 기록해두면 회의의 흐름이나 진행 상태가 잘 보인다. 내용을 요약한 한 장의 종이는 눈에 '보이지 않는' 시간의 흐름을 '보이는' 상태로 만들어준다.

또 회의가 몇 시간 이어지면 아주 많은 논의를 주고받은 것처럼 느껴지지만 실제로 주고받은 주제나 정보량은 생각했던 것보다 훨씬 적은 경우가 많다. 회의 기록을 액셀 1으로 요약해 분류가 가능한 주제별로 키워드를 동그라미나 삼각형, 사각형 등으로 표시를 해둔다. 이렇게 하면 여러 내용에 대해 이야기했던 것처럼 느꼈던 것이 실은 예산과 스케줄, 디자인의 세 가지 주제였다고 요약할 수 있는 장점도 있다.

25

액셀 1 사용법 3
-일의 우선순위를 정한다

업무의 질과 효율을 높이는 데 있어 일의 우선순위를 정하는 것은 대단히 중요하다. 눈앞의 잡무에 밀려 가장 중요한 기획서 작성을 뒤로 미뤄버리거나 중요한 프레젠테이션을 다음날 앞두고 있으면서도 단순한 자료를 복사하는 데 시간을 허비한다면 일의 질도 효율도 올라가지 않는다.

"일의 우선순위를 정해라." 자주 듣는 말이지만 그러나 구체적으로 어떻게 하면 일의 우선순위를 잘 정할 수 있을지 모르는 사람이 많다. 그 원인 중 하나는 우선순위를 정한다는 게 동사이기 때문이다. "잘 생각해라", "집중해라", "공부해라" 등 사람은 "~해라"라는 말을 들어도 좀처럼 움직이지 않는다. 동사는 추상적이어서 들어도 확실한 느낌이 오지 않는 경우가 많아 실제로 어떻게 움직이면 좋을지 모른다. 그래서 자신과 다른 사람을 움직이게 하기 위해서는 동사를 '동작'으로 바꾸는 것이 중요하다. 예를 들어 "공부해라"라면 "이 책의 이 부분을 읽어라", "이 교재의 3단원 문제를 전부 풀어라" 등으로 구체적인 동작으로 바꿔 말해주는 것이다.

그럼 액셀 1을 사용해 일의 우선순위를 정하기 위해서는 어떻게 하면 좋을지 다음 순서를 참고하자.

❶ 우선 녹색펜으로 틀을 만든다. 틀 숫자는 업무량에 맞춰 8개, 혹은 16개로 하기 바란다. 여기에서는 16개 틀을 사용하기로 한다. 가장 왼쪽 위에 있는 틀에 날짜와 주제인 '오늘 할 일은?'을 기입한다.

❷ 시간을 2분으로 잡고 파란펜으로 오늘 할 일을 기입한다. 이때는 아직 생각을 요약하는 과정이 아니기 때문에 우선순위 등은 신경 쓰지 말고 어쨌든 떠오른 것을 전부 적는다. 2분 이내에 모든 틀이 메워지지 않아도 상관없다. 2분이 지나면 종료한다.

❸ 빨간펜으로 바꾼다. 그리고 다 적은 틀 전체를 보면서 '이 중에서 특히 중요한 것은 어느 것인가?'라고 스스로에게 물어본다. 최대 세 개까지 골라 '○' 친다.

❹ 이어서 다시 한 번 전체를 보며 이번에는 '오늘 중으로 대응하지 않으면 곤란한 것은 어느 것인가?'라고 스스로에게 묻는다. 이것도 최대 세 개까지 골라 '△'표시를 한다(조금 전에 한 동그라미와 겹쳐도 상관이 없다).

❺ 마지막으로 전체를 보면서 방치해두면 곤란한 것은 어느 것인가?'라고 묻는다. 똑같이 최대 세 개를 골라 이번에는 '□'표시를 한다(이것 역시 지금까지 다른 질문에서 선택한 답과 겹쳐도 상관이 없다).

❻ 이상 세 개의 질문을 끝낸 시점에서 다시 전체를 본다. 만약 여러 개의 빨간펜으로 표시된 것(○와 △, □ 전부로 둘러싸인 것, ○와 △로 둘러싸인 것 등)이 있으면 이것이 최상위 순위가 된다. 즉, 가장 먼저 처리해야 할 일이다. 만약 여러 개로 둘러싸인 게 없다면 '오늘 중으로 대응하지 않으면 곤란한 것은 어느 것인가?'라는 질문에 대해서 △로 표시한 것을 우선한다. 다시 말하면 이 일 이외에는 "최악의 경우 오늘 하지 않아도 된다"는 말이다. 무리해서 할 필요는 없고 시간 여유가 있으면 하도록 한다.

워크숍 수강자 중에는 매일 아침 출근해서 자리에 앉자마자 매일 이 작업을 했더니 야근시간이 부쩍 줄었다는 사람이 있다. 막차가 끊길 때까지 야근을 했는데 이제 저녁 8시에는 퇴근할 수 있게 바뀌었다는 것이다.

이 우선순위를 정하는 작업은 하루 업무를 시작할 때 가장 좋은 준비운동이 되기도 한다. 출근 지하철에서 시달리느라 회사에 간신히 도착하면 몸도 마음도 녹초가 된 적은 없나? 이럴 때 액셀 1이 조금씩 신체 리듬을 되찾아준다. 작업이 끝날 때는 마음도 업무 모드로 바뀌어 원활하게 업무를 시작할 수 있을 것이다.

엑셀 1으로 일의 우선순위를 정한다

2015.12.4 오늘 할 일은?	기획서 작성	출장 보고서 작성	출금전표 정리
협의 PM 1:00~	A사 ○○ 씨와 약속	자료 읽기	강연회 신청
계약서 복사	택배를 보낸다	○○ 씨에게 전화	○○ 씨 ○○ 씨에게 메일
총무부 ○○ 씨와 점심	~건 상담	파일을 산다	입금기록 입력

① 오늘 할 일을 적는다.

2015.12.4 오늘 할 일은?	기획서 작성	출장 보고서 작성	출금전표 정리
협의 PM 1:00~	A사 ○○ 씨와 약속	자료 읽기	강연회 신청
계약서 복사	택배를 보낸다	○○ 씨에게 전화	○○ 씨 ○○ 씨에게 메일
총무부 ○○ 씨와 점심	~건 상담	파일을 산다	입금기록 입력

② '특히 중요한 것은 어느 것인가?'의 답을 선택해 ○표시를 한다 (최대 세 개까지).

2015.12.4 오늘 할 일은?	기획서 작성	출장 보고서 작성	출금전표 정리
협의 PM 1:00~	A사 ○○ 씨와 약속	자료 읽기	강연회 신청
계약서 복사	택배를 보낸다	○○ 씨에게 전화	○○ 씨 ○○ 씨에게 메일
총무부 ○○ 씨와 점심	~건 상담	파일을 산다	입금기록 입력

③
'오늘 중으로 대응하지 않으면 곤란한 것은 어느 것인가?'의 답을 선택해 △표시를 한다 (최대 세 개까지).

※ ○ 표시한 것과 겹쳐도 상관이 없다.

2015.12.4 오늘 할 일은?	기획서 작성	출장 보고서 작성	출금전표 정리
협의 PM 1:00~	A사 ○○ 씨와 약속	자료 읽기	강연회 신청
계약서 복사	택배를 보낸다	○○ 씨에게 전화	○○ 씨 ○○ 씨에게 메일
총무부 ○○ 씨와 점심	~건 상담	파일을 산다	입금기록 입력

④
'방치해두면 곤란한 것은 어느 것인가?'의 답을 골라 □표시를 한다 (최대 세 개까지).

※ 지금까지 다른 질문에서 선택한 것과 겹쳐도 상관이 없다.

- 여러 개로 표시된 것을 먼저 대처한다.
- 여러 개로 표시된 것이 없으면 △로 표시된 것을 우선한다.

종이 한 장으로
요약하는 기술
【응용편】

26

2W1H를 활용해 생각 요약하기

지금까지 "당신 이야기는 이해하기 힘들어"라는 말을 다른 사람들에게 들은 적은 없는가? 혹은 '내 주장을 좀 더 논리적으로 전달하고 싶다'고 생각한 적은?

지금까지 액셀 1이라는 가장 기본적인 틀을 사용해 정보를 정리하고 생각을 요약하고 전달하는 기술을 소개했지만, 여기에서 한 걸음 더 나아가 생각을 요약해 논리적으로 이해하기 쉽게 전달하는 데 중점을 둔 '2W1H'라는 새로운 틀을 소개하겠다.

전달력을 높이는 데 '2W1H'는 특히 중요하다. 신입사원 때 나 역시 전달력이 부족해 무척 고생한 경험이 있다. 열심히 설명해도 상대가 좀처럼 이해하지 못하고, 애초에 뭘 전달하면 좋을지 생각이 정리되지 않는다는 고민을 해결하기 위해 연구를 거듭하고 실천해온 것을 모은 것이 이 간단한 틀 안에 담겨 있다.

2W1H의 기본 절차

우선 2W1H가 어떤 형태인지 다음 페이지를 보자. 2W1H란 기본적으로는 틀의 숫자가 16개인 액셀 1을 응용한 형태다. 여기에 "1P?", "Q1?", "Q2?", "Q3?"라는 네 가지 질문과 각각 세 방향으로 화살표가 들어 있다.

이들 요소를 녹색펜으로 적는 것에서부터 시작한다.

이번에는 자동차 영업을 담당하고 있는 A씨가 자신이 하고 있는 일을 소개하는 경우를 생각해보자.

❶ 우선 "1P?"라는 질문의 답을 생각한다. "1P?"란 "1Phrase?(한 마디로 말하자면?)"라는 의미다. 이 경우 '자신의 일을 한 마디로 말하자면 무엇이 되는가?'를 생각한다. A씨의 경우는 "자동차 영업을 담당하고 있습니다"가 된다.

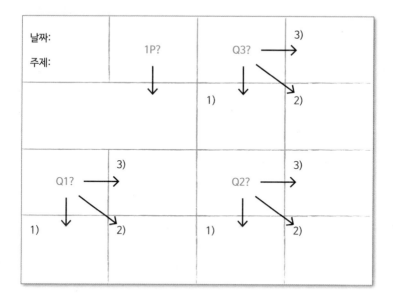

❷ 이어서 "Q1?", "Q2?", "Q3?"에 대응하는 질문을 적는다. 상대가 물을 것

같은 질문을 예상해 녹색펜으로 질문을 기입한다. A씨의 경우에는 다음과

같다.

"Q1?"…… 어떤 자동차를 팔고 있나요?

"Q2?"…… 왜 이 일을 선택했나요?

"Q3?"…… 영업은 어떻게 하고 있나요?

물론 이것들은 어디까지나 하나의 예이니 다른 것으로 바꿔도 상관이 없다. 다만 적당한 질문이 잘 떠오르지 않을 때는 What, Why, How, 이 세 가지에 대입해본다.

"Q1?"…… 어떤 자동차를 팔고 있나요? = What?

"Q2?"…… 왜 이 일을 선택했나요? = Why?

"Q3?"…… 영업은 어떻게 하고 있나요? = How?

❸ 질문을 기입했다면 이번에는 각각의 질문에 대한 답을 파란펜으로 적는다. A씨의 경우 "어떤 자동차를 팔고 있나요?"라는 질문에 대해 '하이브리드차', '경자동차', '아쿠아'라는 대답이 떠올랐다고 하자. 처음 두 개는 차종이고 세 번째는 차명이지만 이러한 근소한 차이는 상관없다. 무리하게 맞추려고 하지 않아도 괜찮으니 각각의 질문에 대해서 우선 답을 세 가지씩 찾아보자.

❹ 틀 안이 전부 채워지면 완료된 것이다. 남은 건 이를 토대로 설명만 하면 된다.

"제가 하고 있는 일을 한 마디로 말하자면 자동차 영업입니다. 주로 승

용차를 취급하는 경우가 많아요. 그 중에서도 최근에는 특히 아쿠아가 잘 팔립니다(What). 영업 방식은 크게 세 가지로, 우선 직접 손님에게 메일을 보냅니다. 두 번째는 쇼룸에 온 손님을 안내하는 경우, 마지막으로 실제로 손님들께 시승을 권하는 겁니다(How).

이 일을 선택한 이유는 자동차를 아주 좋아하기 때문입니다. 다음으로 자동차에 대해 다른 사람과 이야기하는 것을 좋아하기 때문이기도 하고, 마지막으로 제가 판 자동차를 고객들이 타는 것이 지구환경보호로 이어지기 때문입니다(Why)."

어떤가? 논리정연하고 이해하기 쉽지 않은가? 상대가 이해하기 쉽도록 What, Why, How의 순서는 자유롭게 바꿔도 상관이 없다. 이처럼 2W1H를 사용하면 누구든 비교적 단시간에 논리적으로 생각을 요약해 상대방이 이해하기 쉽게 전달할 수 있다.

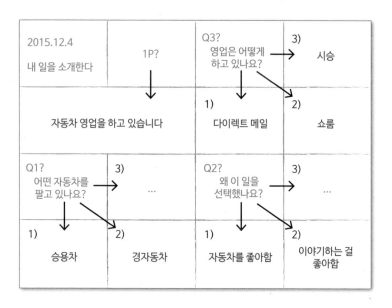

27

논리적으로 이야기할 수 있게 되는 세 가지 방법

2W1H를 사용하면 왜 이해하기 쉽고 논리적으로 전달할 수 있을까? 그 열쇠는 조금 전에 소개한 What, Why, How라는 세 가지 방법에 있다.

다음과 같은 상황을 상상해보자.

점심시간이다. 당신이 점심을 먹고 있을 때 도시락을 사러 간 회사 동료가 돌아왔다. 동료가 사온 도시락은 당신이 지금까지 한 번도 본 적도 먹은 적도 없는 '돼지고기에 바나나를 넣어 구운 정식'이었다고 하자. 이때 당신은 동료에게 어떤 질문을 할 것인가?

나   "그거, 뭐야?"

동료   "돼지고기에 바나나를 넣어 구운 정식이야."

나   "왜 그걸 샀어?"

동료 "맛있으니까."

나   "어떤 맛인데?"

동료 "단맛과 짠맛의 밸런스가 좋아."

나   "어디서 산 거야?"

동료 "맞은편 빌딩 1층에 있는 작은 반찬가게."

나   "그렇구나(나도 사볼까?)…"

아마도 위와 같은 대화가 오갈 것이다. 대부분의 질문은 모두 What, Why, How로 대응이 된다.

- "그거, 뭐야?"……What
- "왜 그걸 샀어?"……Why
- "어떤 맛인데?"……How
- "어디서 산 거야?"(= 어떻게 해서 손에 넣은 거야?)……How

도시락뿐만 아니라 우리가 궁금증을 해소하려고 할 때의 질문은 대부분 What, Why, How라는 세 가지로 요약된다. 예를 들어 취업 면접에서도 "자기 홍보를 해주세요", "지원 동기는요?", "10년 후 어떻게 되고 싶나요?" 등으로 묻는 경우가 많다. 이것도 역시 What, Why, How로 대응이 된다.

2W1H를 활용하려면 우선 처음에 '한 마디로 말하자면?'을 생각한다. 누군가에게 무엇인가를 전달할 때도 "이 기획은 한 마디로 말하자면 ○○입니다"로 시작한다. 이에 대해 듣는 사람은 반드시 "그게 무슨 말이지?", "왜?", "그래서 어떻게 할 거야?" 등으로 추가 질문을 할 것이다. 왜냐하면 "한 마디로 말하자면 ○○입니다"라는 것을 제대로 이해하려면 반드시 생겨나는 궁금증이기 때문이다. 미리 이 세 가지 유형의 질문을 상정해 그에 대한 답을 준비해두면 상대가 알고 싶거나 듣고 싶은 것에 대해 명확하게 설명할 수 있다. 다시 말해 논리적으로 생각을 요약해 이해하기 쉽게 전달할 수 있다.

What, Why, How의 순서는 바꿔도 된다

앞에서 세 가지 방법에 대해 Q1 = What, Q2 = Why, Q3 = How의 순서로 설명했지만 이 순서는 상황에 맞춰 유연하게 바꿔도 상관이 없다. 애초에 생각한다는 건 Q&A를 반복하는 행위다. 의문이 떠오르고 그에 대해 답을 찾으면 그 답이 또 새로운 의문을 만든다.

예를 들어 신상품 기획에 대한 프레젠테이션 자료라면 우선 이 상품의 강점은 무엇인가?라는 질문을 쓰고 그 대답을 적는다. 그러면 적어놓은

답에 대해 '왜 이것을 강점이라 할 수 있는가?'라는 새로운 의문이 생겨난다. 도시락의 경우에는 "왜 그걸 샀어?"라는 당신의 질문에 동료가 "맛있으니까"라고 대답한 것처럼 이 대답에 대해 당신에게는 "어떤 맛인데?"라는 새로운 의문이 생긴다. 이처럼 질문과 대답의 연속으로 생각이 진전된다. 따라서 What? → Why? → How처럼 생각할 순번을 미리 정해버리면 질문을 잘 떠올릴 수 없다. 따라서 주제에 맞춰 순서를 유연하게 바꿔가면서 생각해보자.

28

손으로 쓰는 작업이 사고회로를 단련시킨다

"매번 손으로 써야만 하나요?"

액셀 1처럼 2W1H의 틀에 대해서도 워크숍 수강자들로부터 같은 질문을 받는 경우가 있다. 내 대답은 늘 변함없다.

"처음에는 꼭 손으로 적어주세요!"

액셀 1의 틀을 손으로 쓰는 작업은 일종의 워밍업이 된다고 앞에서 설명했다. 2W1H의 경우는 이에 더해 사고회로를 만든다는 역할이 있다.

논리적으로 생각하기 위해서는 일정한 방법이 필요하다. 그 방법을 종이 위에 '보이도록 구체화하는' 것이 2W1H다. 녹색펜으로 2W1H의 틀이 되는 선을 긋고 우선 날짜와 주제를 기입한다. 다음으로 1P?라고 적고 이어서 Q1?, Q2?, Q3?를 기입하고 세 가지 방향으로 화살표를 넣는다.

1P?(=한 마디로 말하자면?)라고 적음으로써 그 대답을 찾기 위해 머릿속이 움직이기 시작한다. 또 Q1?, Q2?, Q3?를 물음표로 확실히 적음으로써 의문형이 되어 이것에 의해서도 사고회로가 작동하기 시작한다. 나아가서는 세 가지 방향으로 화살표를 표시하는 것만으로도 세 가지 답을 도출해내려고 하는 의식이 작동한다.

이처럼 2W1H의 틀을 손으로 적는 동작은 논리적인 사고회로를 눈에 보이는 형태로 종이에 적어 그 순서에 따라 생각을 움직이기 위한 작업인 것이다. 즉, 머릿속에 논리적인 사고회로를 만드는 훈련이다. 따라서 2W1H의 틀 순서대로 생각하면 자동적으로 논리적인 사고가 가능해진다. 이를 계속하면 일부러 종이에 적지 않아도 자연스럽게 논리적으로 생각하는 습관이 생길 것이다. 다만 처음에는 역시 손으로 작성하는 것을 추천한다.

29

2W1H의 활용법 1
-프레젠테이션 자료를 만든다

지금부터는 2W1H의 구체적인 활용법을 알아보자. 우선 신규 기획 프레젠테이션 자료를 만들 경우다. 프레젠테이션 자료는 이미 액셀 1에서 만드는 방법을 소개했지만 2W1H를 사용하면 더욱 쉽게 전달되는 형태로 만들 수 있다.

2W1H를 사용할 경우 한 장으로 요약하는 과정은 하나의 질문에서부터 시작된다. 바로 '애초에 왜 이 자료를 만드는가?'이다. 예를 들어 화장품 회사에 입사해 6년째 근무하고 있는 B씨가 상사에게 신상품 기획에 대해 프레젠테이션을 하게 되었다고 가정하자. 자료를 읽는 사람과 목적은 다음과 같다.

- 자료를 읽는 사람 …… 상사
- 자료의 목적 …… 기획 내용을 상사에게 이해시키기. 최종적으로 상사로부터 기획 진행 사인을 받기.

위의 상황들이 확실해지면 다음 단계로 옮긴다.

❶ 우선 2W1H의 틀을 만든다.

❷ "1P?"(=한 마디로 말하자면?)를 적고 생각한다.

❸ Q1?, Q2?, Q3?의 각각에 대응하는 질문을 생각해 기입한다.

이 경우 상사의 예상질문에는 다음과 같은 것들이 있을 것이다.

Q1? …… 이 상품의 강점은 무엇인가? = What

Q2? …… 왜 이것을 강점이라고 말할 수 있는가? = Why

Q3? …… 어떻게 팔 것인가? = How

만약 상사가 특히 Why에 구애받는 사람이라고 한다면, 아래와 같이

Why 세 가지를 나열해도 상관없다.

  Q1? …… 왜 지금 이 상품인가? = Why

  Q2? …… 왜 우리 회사가 이 상품을 출시해야만 하는가? = Why

  Q3? …… 왜 이 강점을 내세울 필요가 있는가? = Why

이런 경우에는 위의 세 가지 질문을 적고 각각의 답을 생각하면 된다. 기본적인 방법으로는 What, Why, How를 유념하면 되지만 어디까지나 실제로 듣는 사람의 스타일에 맞춰 생각하면 된다.

• 기본은 What, Why, How

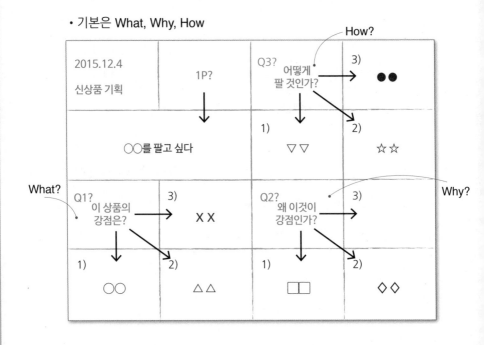

• 상대의 성향에 맞춰 질문의 방향을 바꾼다

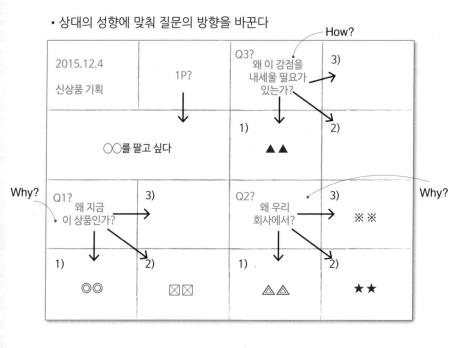

❹ 이제는 파란펜으로 바꿔 5분간 틀 안에 있는 질문에 대한 답을 작성한다.

답을 적어 넣을 곳은 세 곳으로, 이는 키워드가 최대 세 개까지라는 의미

다. 어디까지나 최대 세 개라는 의미로, 상황에 따라 두 개가 되거나 한 개

가 되어도 상관이 없다.

30

2W1H의 활용법 2
–세미나 결과를 보고한다

평소 세미나나 강연 등에 참석할 기회가 자주 있는가? 만약 있다면 참석했던 강연회 내용을 어디까지 기억하고 있는가? 실제 업무에 도움이 되고 있는가? 세미나나 강연을 아무리 자주 다녀도 그 내용을 제대로 기억하고 있지 않으면 의미가 없다. 귀중한 시간과 돈을 투자한 것이니 실생활에 도움이 되어야 할 것이다. 이 경우에도 2W1H를 활용할 수 있다. 2W1H를 사용해 세미나나 강연 내용을 한 장으로 요약함으로써 내용을 잊어버리는 일 없이 중요한 포인트를 다시 확인할 수 있다.

❶ 우선 2W1H의 틀을 만든다.

❷ 이어서 "1P?"를 생각한 후 Q1?, Q2?, Q3?의 각각에 대응하는 질문을 생각해 기입한다. 세미나의 경우라면, 아래와 같은 질문을 만든다.

Q1? …… 왜 이 세미나에 참가했는가? = Why

Q2? …… 이 세미나에서 무엇을 배웠는가? = What

Q3? …… 이번에 배운 것을 어떻게 일에 활용할 것인가? = How

프레젠테이션 자료를 만들 경우에는 What에 대응하는 질문을 먼저 생각했지만, 이번에는 Why를 먼저 생각하는 게 질문을 만들기 쉽다. 이는 경우에 따라 다르기 때문에 주제에 따라 유연하게 바꿔도 상관없다.

❸ 여기까지 적었으면 파란펜으로 바꿔 5분간 틀 안을 채운다.

Q1? …… 왜 이 세미나에 참가했는가?

➡ 상대방 이야기를 이해할 수 없으니까, 프레젠테이션이 서투니까, 야근시간을 줄이고 싶어서….

Q2? …… 이 세미나에서 무엇을 배웠는가?

➡ 주요 핵심만 서류 한 장에 적으면 된다, 정보를 정리한 후에 생각을 요약하면 된다, 보면서 · 보여주면서 전달한다.

Q3? …… 이번에 배운 것을 어떻게 업무에 활용할 것인가?

➡ 매일 아침 종이 한 장에 해야 할 일을 적는다. 프레젠테이션 정보를 한 장으로 요약한다. 협의 메모를 액셀 1으로 정리한다.

이 방법은 사외연수 결과를 상사에게 보고할 때도 도움이 된다.

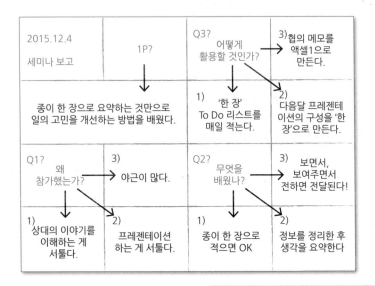

2015.12.4 세미나 보고	1P?	Q3? 어떻게 활용할 것인가?	3) 협의 메모를 액셀1으로 만든다.
종이 한 장으로 요약하는 것만으로 일의 고민을 개선하는 방법을 배웠다.		1) '한 장' To Do 리스트를 매일 적는다.	2) 다음달 프레젠테이션의 구성을 '한 장'으로 만든다.
Q1? 왜 참가했는가?	3) 야근이 많다.	Q2? 무엇을 배웠나?	3) 보면서, 보여주면서 전하면 전달된다!
1) 상대의 이야기를 이해하는 게 서툴다.	2) 프레젠테이션하는 게 서툴다.	1) 종이 한 장으로 적으면 OK	2) 정보를 정리한 후 생각을 요약한다

요약한 내용을 그대로 배열하면
보고서가 완성!

○○님   2015년 12월 4일
                                              ○○○부 ○○○

【참가 보고】'한 장 프레임 워크' 일하는 기술 세미나

1. 요약

> 종이 한 장으로 요약하는 것만으로 일의 고민을
> 개선하는 방법을 배웠다.

2. 수강 목적

> • 상대의 이야기를 이해하는 게 서툴다.
> • 프레젠테이션하는 게 서툴다.
> • 야근이 많다.

3. 포인트

> • 종이 한 장으로 적으면 OK
> • 정보를 정리한 후 생각을 요약한다.
> • 보면서 · 보여주면서 전하면 전달된다!

4. 금후의 과제

> • '한 장' To Do 리스트를 매일 적는다.
> • 다음달 프레젠테이션의 구성을 '한 장'으로 만든다.
> • 협의 메모를 액셀 1으로 만든다.

5. 소감

31

어떻게 일을 정체시키지 않을 것인가?

입사한 지 얼마 되지 않았을 때였다. 한 안건에 대해 상사와 회의를 하게 되었다. 약속 시간이 되어 회의실에 들어갔는데 자료가 없으면 회의를 할 수 없다고 상사에게 혼났던 기억이 있다. 그 정도로 토요타에서는 모든 일을 서류 한 장으로 요약하는 문화가 일상화되어 있다.

그 후 수많은 토요타의 한 장을 보면서 나는 토요타의 한 장에 다음 세 가지 내용이 들어 있다는 것을 깨달았다.

❶ 지금 왜 이 일이 필요한가?(무엇을 위해서 이 일을 하고 있는가?)

➡ 목적(Why)

❷ 현재 어떤 과제가 있는가?(어떤 문제를 안고 있는가?)

➡ 과제(What)

❸ 과제에 대해 어떤 대책을 강구할 것인가?(어떤 해결법이 있는가?)

➡ 해결안(How)

토요타 사원들은 항상 이 세 가지를 한 장의 종이에 요약하는 데 집중하고 있다. 신입사원이라 이 업무 습관이 몸에 배지 않았던 나는 상사에게 지적을 받을 수밖에 없었다.

액셀 1과 2W1H가 있으면 일은 반드시 진행된다

일이 마음처럼 잘 진행되지 않으면 괴로울 수밖에 없다. 일이 정체되는 이유는 진행방식을 몰라서, 문제 해결 방법을 몰라서, 또 해야만 하는 일이 너무 많아 어디서부터 손을 대야 할지 모르겠다 등 원인은 여러 가지가 있을 것이다. 하지만 2W1H를 활용하면 해결의 실마리가 보일 것이다. 액셀 1을 사용해 '일이 정체되고 있는 원인은 무엇인가?' 등의 질문을 만들어 생각해보는 것도 좋은 방법이다.

한 장으로 요약하는 기술의 본질은 '어떻게 일을 정체시키지 않을 것인가?'라는 데 있다. 일이 막히면 어쨌든 손을 움직여서 무엇이든 적는다.

멈추고 있을 시간이 있으면 우선은 종이를 한 장 꺼내 생각을 적는다. 손을 멈추지만 않으면 싫다는 생각은 곧 사라질 것이다. 그리고 종이에 쓰는 동안에 다음 한 걸음을 어떻게 내디디면 좋을지 그 힌트가 반드시 보인다. 그 한 걸음이 향하는 곳이 정확한지 아닌지는 이 단계에서는 그다지 중요하지 않다. 어쨌든 한 걸음 내딛고 일의 진행을 멈추지 않는 것이 중요하다. 이렇게 하면 정체되어 있을 때보다 기분이 훨씬 편안해지고 긍정적으로 변할 것이다.

32

Why보다는 How를?!

토요타에는 '왜?'를 다섯 번 반복하는 '왜왜 분석'이라는 기법이 있다. 유명한 습관이기 때문에 들어본 독자도 있을 것이다. '왜?'를 다섯 번 반복한다는 것은 사내에서 문제가 생겼을 때 '왜?'를 다섯 번 되물어서 문제의 근본적인 원인을 규명한다는 뜻이다. 이 말은 토요타 생산방식을 만들어낸 오오노 타이이치 씨가 제창했다고 알려져 있다.

'왜'를 다섯 번 되묻는 문화는 생산 공장에서 처음 생겨났다. 생산 공장에서는 늘 자동차 조립 라인이 가동되고 있다. 또 생산 공장에서 일하는 사원들에게는 일일 생산 목표량이 정해져 있다. 조립 라인은 기계로 가동되다 보니 간혹 문제가 생겨 멈춰버리는 경우가 있다. 이럴 때 목표량을 채워야 하는 사원은 빨리 라인을 재가동시키고 싶은 마음에 제대로 문제를 손보지 않고 라인을 움직인다. 하지만 근본 문제가 해결되지 않았기 때문에 라인은 또 멈춰버린다. 이와 같은 상황을 개선시키기 위해서 '왜?'를 다섯 번 되묻는다는 방법이 고안되었다고 한다. 기계가 멈추면 '왜?'라고 생각해보자. 적어도 다섯 번은 생각하고 문제의 진정한 원인(=원인의 원인, 다시 말해 보다 근본적인 원인)을 밝혀내자고 제안한 것이다. 곧 '왜?'를 다섯 번 되묻는다는 업무 문화는 공장 업무 이외의 일반 사무 업무에도 응용되어 나도 신입사원 연수 때 배운 기억이 있다.

문제 해결의 최단경로

생산 현장이 아닌 사무실에서도 문제의 근본 원인을 규명할 필요가 있는 상황은 자주 있다. 그러나 실제로 일을 진행하면서 실감한 것은 '왜?'보다도 '어떻게 할까?'를 생각하는 경우가 압도적으로 많았다는 사실이다. 왜냐하면 조직이 크면 클수록 관계된 사람도 많아져 자칫하면 일이 정체 상태로 빠져버리기 쉽기 때문이다. 이럴 때 '왜'를 다섯 번 되묻는다를 맹목적으로 실천하면 일은 점점 더 정체된다. 이럴 때는 스케줄을 맞추기 위해 어떻게 할까? 클레임에 대해 어떻게 잘 대처할까? 일의 효율을 올리기 위해 어떻게 할까?처럼 '어떻게 할까?'를 중심으로 질문을 만들어가는 게 좋다. '왜?' 상태로만 일을 진행시키면 생각이 처음 목표와 다른 방향으로 흘러가는 경우도 있다.

예를 들어 기업 홈페이지를 리뉴얼하려는 계획을 세웠다고 하자. '왜 리뉴얼할 필요가 있는가?'를 생각하는 것은 물론 중요하다. 다만 누구나 납득할 수 있는 대답이 몇 개 나온 시점이라면 이번에는 '어떤 식으로 리뉴얼을 진행시킬 것인가?'로 생각을 전환해야 일이 잘 진행된다. 이럴 때 너무 '왜?'를 되풀이하면 생각의 방향을 신속하게 바꾸지 못하고 언제까지나 '왜?'만 찾고 있을지 모른다.

왜 리뉴얼할 필요가 있는가를 넘어 왜 우리 부서가 리뉴얼을 담당하고 있는가? 왜 토요타가 이 홈페이지를 운영하고 있는가? 왜 홈페이지라는 미디어가 보급되었는가? 등으로 처음의 목표에서 동떨어진 이야기가 되어버리고, 당연히 일은 제대로 진행되지 않는다. 요컨대 균형이 중요하지만 특히 요즘처럼 변화가 빠른 시대에는 Why 이상으로 How를 중시해야 한다. 과제에 대해 구체적으로 어떻게 대처할 것인가, 어떻게 문제를 해결해갈 것인가를 중심으로 속도감을 의식하면서 생각해야 성과가 나올 수 있다.

33

최종 목표는 서류 없이도 일할 수 있게 되는 것

바쁘게 일을 하고 있는데 때때로 상사들이 부를 때가 있다. 상사 자리로 가면 한 장의 서류를 보여주면서 묻는다.

"이게 무슨 말이야?"

다른 부서에서 상사에게 전달한 서류로, 내용은 내가 담당하고 있는 업무에 관한 것이다.

"이건 한 마디로 말하자면 ○○씨가 해당 콘텐츠 변경에 반대하고 있습니다. 하지만 이미 부장님 결재는 받았고 제작 부서와의 이야기도 진행되고 있으니까 그대로 전하시면 됩니다. 만약 구체적인 의견을 듣고 싶으시다면 모레 제작 회사와의 미팅이 있으니 그 자리에 동석하셔도 됩니다."

"그래? 알았어."

이런 식으로 업무 현장에서는 때때로 상사의 갑작스러운 질문에도 대답할 수 있는 능력이 요구된다. 즉, 질문 받은 자리에서 바로 정보를 정리하고 생각을 요약해 전달해야 하는 경우가 종종 있다. 만약 이때 "잠시 기다려주세요. 저녁까지는 답을 드릴게요"라고 하면 어떻게 될까? 다시 상사와 직접 이야기하려면 며칠을 기다리지 않으면 안 될지도 모른다. 과연 이렇게 해서 당신이 원하는 직책까지 승진할 수 있을까? 효율적인 일처리 방식이라고 할 수 있을까? 내가 지금까지 만나온 일을 잘하는 사람들은 돌발상황일수록 뛰어난 커뮤니케이션 능력을 발휘하는 사람들이었다.

왜 한 장으로 요약하는 기술이 필요한가?

지금까지 엑셀 1과 2W1H라는 두 가지 도구를 사용해 정보를 정리하고, 생각을 요약해 전달하는 법에 대해 설명했다. 일에 관한 모든 정보를 서류 한 장으로 요약함으로써 여러 가지 효과를 발휘한다는 것을 이제는 이해했으리라 생각한다. 그런데 당신은 애초에 왜 요약하는 기술을 배우는 것일까? 이 한 장으로 요약하는 기술을 배워 실천함으로써 도대체 어떤 점이 개선될까? 처음에는 단순히 '뒤죽박죽된 머릿속을 정리하고 싶다', '내 의견을 효율적으로 정리하고 싶다'라고 해도 물론 상관없다. 그러나 여기서 더 나아가 다음과 같은 생각도 가졌으면 좋겠다.

'이런 뒤죽박죽된 상태로는 다른 사람들이 이해하지 못해 폐를 끼치게 된다', '아무런 생각도 없이 회의에서 길게 이야기하면 모두의 시간을 빼앗아버린다.' 이것이 전달력을 높이는 관점에서 본 바람직한 동기다. 그리고 이처럼 자기 중심에서 상대의 시각으로 전환함으로써 서류가 없는 상태에서도 일을 할 수 있게 되는 게 최종 목표다.

업무 현장에서는 항상 순발력이 요구된다. 바로 결정하고 바로 행동해야만 하는 상황이 많다. 바쁜 상대와 협의할 수 있는 기회는 지금 눈앞의 30초뿐이다. 이 기회를 놓치면 다음에는 기약하기 어려울지 모른다. 이럴 때 종이와 펜을 준비해 생각하고 있을 여유는 없다. 설사 자신 앞에 자료가 없다 하더라도 순간적으로 정보를 정리해 생각을 요약하고 전달해야만 한다. 액셀 1이나 2W1H를 사용해 요약하는 작업은 이렇게 바로 효율적으로 요약하기 위한 사고훈련이다. 언젠가는 종이나 펜 없이도 전달할 수 있도록 생각하는 방식의 습관을 기르는 기본연습이다.

매일 액셀 1이나 2W1H라는 한 장으로 정리하고 생각을 요약해 그 수가 10장, 20장으로 늘어나면 자연스레 '애초에 이 일은 무엇을 위해 하는 것인가?', '한 마디로 말하자면 어떻게 되는가?', '세 개의 포인트를 뽑아내면 어떻게 되는가?' 등을 자연스레 생각하게 된다. 그리고 이런 질문들이 제대로 상대에게 전해졌는지 자연스레 생각하게 된다. 지금까지 종이 위에 적어 온 머릿속의 움직임이 순간적으로 자연스럽게 가능하게 된다면 이제 종이는 필요없다.

34

계속 선택받고 싶다면?

　입사지원서, 소논문, 전직 때 필요한 이력서 등 단 한 장의 서류가 인생을 좌우하는 경우가 있다.

　돌이켜보면 지금까지의 내 인생도 서류 한 장에 의해 많이 좌우되었다. 수십 번 입사지원서를 썼고 번번이 떨어졌다. '이것이야말로 납득이 되는 한 장'이라고 생각되는 입시지원서를 써서 입사하게 된 곳이 바로 토요타였다.

　입사 후에는 토요타의 서류 한 장으로 요약하는 문화를 철저하게 익혔다. 마케팅 예산 관리를 하는 부서에 있었을 때는 개선책을 몇 번이나 한 장으로 요약했다. 우리 부서에서는 필요한 서류의 누락, 기재 실수, 잘못된 회계 처리 등과 같은 실수가 자주 발생했디. 그 원인을 분석해 한 장으로 요약함으로써 문제점을 보이도록 구체화하고 실수 방지책을 담은 새로운 업무 매뉴얼을 만들었다. 이런 일을 통해 상사에게 좋은 평가를 쌓았던 덕분에 다행스럽게도 원하는 부서로 옮겨갈 수 있었다. 또 앞에서 말했던 것처럼 내가 만든 한 장의 서류가 상사 눈에 든 것을 계기로 큰 프로젝트를 성공시킬 수도 있었다. 그리고 현재 나는 '한 장'을 키워드로 천 명이 넘는 비즈니스맨들에게 정보를 정리하고, 생각을 요약해 전달하는 노하우를 제공하는 일을 하고 있다. '한 장' 덕분에 여러 곳에서 '계속 선택 받을' 수 있었다.

이 글을 읽는 당신도 계속 선택받는 사람이 되었으면 좋겠다. 그래서 바라던 대로의 인생을 살기를 바란다. 내가 이 일하는 방법을 당신에게 알려주는 가장 큰 이유가 여기에 있다. 어디서든 꼭 필요한 사람이 되기 위해 가장 중요한 것은 정보를 정리하고 생각을 요약해 전달하는 능력이다.

우리를 둘러싼 정보는 수십 년 전과 비교해 폭발적으로 늘어났다. 정보에 대한 접속도 무척 간편해졌다. 덕분에 생활은 대단히 편리해졌다. 그러나 편리해진 반면 사람들의 요약하는 능력은 점점 쇠퇴하고 있다. 방대한 정보를 취사선택해 필요한 정보를 추출해내고 정보와 정보를 조합하거나 관계성을 찾아내 나름대로의 의견이나 생각을 만들어내는 능력은 점점 약해지고 있다. 이 능력이 약해지면 당신이 가고자 하는 곳에서 선택받을 수 없다.

이 책에서 설명한 종이 한 장으로 요약하는 기술, 다시 말해 액셀 1이나 2W1H를 사용한 생각 정리법을 몸에 익히고 실천해보는 것이 가장 중요하다.

펜과 종이를 준비해 무엇이든 써보자. 복사 용지 뒷면이든 무엇이든 상관없으니 일단 써보자.

자, 지금 바로 시작하자!

한 장의 가치

"아사다 씨, 이 이야기는 100만 엔 이상의 가치가 있습니다."

이전에 한 수강자가 직접 해준 이야기다. 오랜 기간 광고 현장에서 일하고 있는 프로였기 때문에 나에게는 자신감으로 이어진 아주 든든한 메시지였다.

당시 나는 화이트보드에 171페이지와 같은 그림을 그리고 설명했다. 삼각형을 가리키며 "전해지는 것의 본질은 등산과 같은 것"이라고 주장했다. 구체적으로는 우선 왼쪽 아래의 산기슭에서 왼쪽 경사면을 따라 정상으로 올라가는 단계. 이 단계에서는 수없이 많이 존재하는 '전달하고 싶은 것'을 예로 들어 15개 → 7개 → 3개 → 1개처럼 줄여가는 흐름이다. 한편 다른 사람에게 전달하는 단계, 즉 '하산'하는 과정은 이것과는 반대다. 이번에는 우선 하나로 축약한 정상의 메시지부터 "요컨대 내가 전달하고 싶은 것을 한 마디로 말하자면…"이라는 식으로 전달해간다. 다만 한 마디로 상대에게 이해하기 쉽게 전달하기란 당연히 어렵기 때문에 "무슨 말씀

이냐 하면 요점은 세 가지가 있습니다만…"이라는 식으로 이번에는 오른쪽 경사면을 조금씩 내려가며 세 가지 단계를 이야기한다. 그래도 충분하지 않으면 7개, 15개 단계까지 내려가서 필요한 키워드를 보충하면서 설명한다.

이것이 내가 지금까지 만나온 전달력이 높은 사람들에게 공통된, 머릿속을 '눈에 보이도록 구체화'한 모델이다. 이렇게 해서 '전달하는' 과정을 등산에 비유해 삼각형 그림으로 바꿨더니 "100만 엔 이상의 가치가 있다"는 말을 듣게 된 것이다.

앞에서 소개한 액셀 1이든 2W1H든 본질적인 내용은 등산을 통한 '전달하고 싶은 것'을 상대에게 이해하기 쉬운 내용으로 요약하는 과정이다. 동시에 이 과정은 지금까지 반복해서 설명한 정보를 '정리하고', '생각을 요약해', '전달하는' 과정과도 정확하게 겹친다.

지금까지 수많은 토요타 관련 책이 나왔다. 학술적인 것부터 가벼운 비즈니스 서적, 잡지 기사 등 손에 잡히는 대로 읽었다. 하지만 도저히 만족할 수 없었던 이유는 다음 의문에 대한 답이 적혀 있지 않았기 때문이다.

'토요타에서 일하는 사람들이 전달력을 높이기 위해 매일 하고 있는 종이 한 장으로 요약하는 동작에 대해 왜 주목하지 않는 것일까?'

토요타에서 일하는 사람들 대부분은 '한 장으로 요약하는' 동작에 특별한 의미를 가지고 있지 않은 것 같았다. 양치질처럼 당연한 일로 되어 있

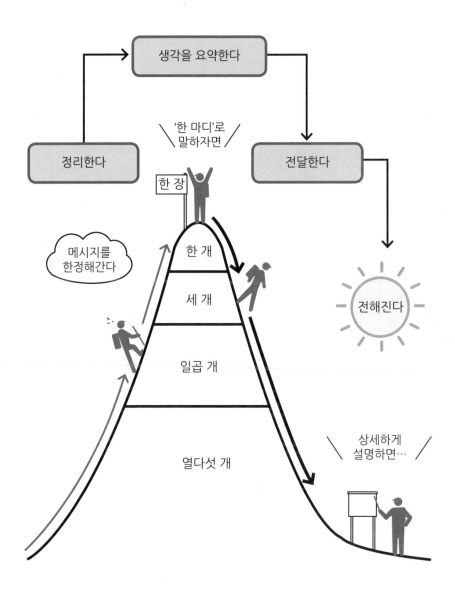

었기 때문에 새삼스레 "양치질이라는 동작에 대해 자세하게 가르쳐줘"라는 말을 들어도 설명이 힘든 것처럼 토요타 사람들도 '한 장'에 대해 능숙하게 설명하지 못했다. 그래서 이 주제로 책을 써보자고 결심하게 된 것이다.

나의 궁극적인 관심은 '토요타'도 '한 장'도 아닌 '전달력'에 있다. 내 직업을 '전달력 개선 플래너'라고 한 것도 같은 이유에서다. 전달력이 부족해 지금까지의 인생을 본인의 뜻과는 다르게 살아온 사람들을 위해 구체적으로 실천할 수 있는 '도구'를 건네주고 싶다. 그런 마음에서 토요타에서의 체험담에 근거해 '한 장'을 주제로 한 일하는 기술을 요약했다. 만약 신입 사원이었을 때의 내가 이 책을 서점에서 찾았다면 "이런 책을 기다리고 있었어!"라고 기뻐하며 계산대로 바로 가져가는 그런 유용한 책을 만들고 싶었다. 토요타는 어디까지나 소재에 지나지 않는다. 핵심은 '한 장의 종이에 쓴다'는 동작이고, 그 동작을 거듭해가는 주인공은 바로 당신 자신이다. 이 책의 내용이 조금이라도 도움이 될 것 같으면 즉시 당신의 업무에 도입해보기 바란다. 그리고 아무리 세세한 내용이라도 상관이 없으니까 개선된 게 있다면 info@asadasuguru.com으로 연락을 주기 바란다.

마지막으로 이 책을 낼 수 있게 도와준 선마크출판의 히라자와 타쿠 씨에게 감사를 드린다. 그가 내 워크숍을 신청한 순간 이 모든 인연이 시작되었다. 하라주쿠의 한 카페에서 명함을 받았을 때의 놀라움을 지금도 선명하게 기억하고 있다. 이렇게 책으로 결실을 맺게 해준 데 다시 한 번 깊이 감사를 전함과 동시에 이 인연이 지금 이렇게 책을 읽는 당신에게도 이어지기를 진심으로 바란다.

종이 한 장으로 하는
생각 정리법

---

* 평소 세미나 등에서 저자가 강의하는 내용을 저자의 홈페이지에서 요약한 것으로, 본문의 내용과 겹치는 부분이 있으나 본문의 중요한 부분을 다시 한번 요약, 강조함으로써 조금이라도 더 독자에게 도움이 될 수 있도록 했다.

20년 전에는 스마트폰은커녕 일반 휴대전화도 보급되지 않았다. 그때는 어떻게 모르는 곳을 찾아갔을까? 다른 사람에게 묻거나 지도를 보면서 사전에 조사했을 것이다. 그리고 조사한 내용에 대해 머릿속에 정리해서 기억해두었을 것이다. 아니면 메모장이나 전단지 뒷면에 가는 방법을 적어서라도 갔을 것이다.

21세기를 살아가는 현대인은 이러한 기회를 빼앗기고 있다. 물론 편리하기는 하다. 하지만 종이에 적는 것으로 '정보를 정리한다', 혹은 '생각을 요약한다'는 기본 동작에 대해 훈련할 기회를 빼앗겨버린 것이다. 그 결과 스스로 생각하는 능력, 상대에게 이해하기 쉽게 전달하는 능력, 다른 사람의 이야기나 책, 뉴스, 인터넷 정보를 이해하는 능력 등 지적 생산을 위한 기본적인 능력이 점점 쇠퇴하고 있다.

이러한 위기감 때문에 나는 '한 장 작성법'을 전파하고 있다. 만약 스스로 생각하는 능력이나 전달하는 능력이 부족하다고 조금이라도 느끼는 독자가 있다면 이 책이 유용하게 쓰일 수 있기를 바란다.

왜 토요타는 한 장으로
일을 하는가?

토요타의 일하는 방식에는 특징이 있다

서점에 가면 토요타 관련 서적이나 잡지가 많지만 이 책에서는 간단하게 내가 실제로 토요타에서 일하며 경험한 사실만을 소개했다. 당신이 매일 하고 있는 회의나 협의, 보고, 연락, 상담과 같은 업무를 할 때 토요타에서 일하는 사람들은 반드시 하는 동작이 있다. 바로 한 장의 서류를 준비하는 것이다. 협의 때 논의에 필요한 정보를 정리한 한 장, 회의 때 무엇을 이야기할 것인가에 대해 미리 적어놓은 한 장, 그룹 미팅 때 팀원 전원의 2주간의 스케줄이 기재된 한 장 등등이다.

토요타의 업무 현장에서는 이 한 장이 등장한다.

'사전 협의에서 무엇을 이야기할 것인가? 이야기하기 위해서는 어떤 정보가 필요한가? 그 정보에 대해서 나는 어떤 생각을 가지고 있는가?' 등등 이러한 물음에 대해 본인 나름대로의 견해를 사전에 요약해두어야 한다. 이러한 자세의 유무야말로 토요타에서 일하는 사람들이 한 장을 준비하는 이유이기도 하다. 토요타 직원들은 회의나 협의 등에서 다른 사람과 커뮤니케이션을 하기 전에 사전에 자기 나름대로의 견해를 요약하는 습관이 있다. 그것도 단지 요약하는 것이 아니다. 한 장으로 요약하고 있는 것이다. 한 장으로 요약하기 위해서는 이야기하고 싶은 주제의 요점은 무엇인지, 상대에게 묻고 싶은 건 무엇인지, 혹은 상대는 어디까지 이미 알고 있는지, 무엇을 추가로 알고 싶은지 등등을 고민해야 한다. 충분히 생각할 필요가 있다.

'충분히 생각하는 것이 중요하다'는 말에는 누구나 동의할 것이다. 그러나 '그렇다면 어떻게 하면 충분히 생각할 수 있는가?'라는 물음에 대해 명쾌한 대답을 제시할 수 있는 사람은 별로 없을 것이다.

일반적인 직장이라면 "이거, 좀 더 생각해봐"라는 상사의 지시를 자주 받지만, "생각해"라는 주문만으로는 무엇을 어떻게 생각하면 좋을지 모르기 때문에 당황하게 된다. 하지만 토요타는 "한 장으로 요약해"라는 지시가 나오기 때문에 자료 작성 과정에서 자동적으로 깊이 생각할 수 있게 된다.

기존의 토요타 관련 책에서 별로 강조되지 않았지만 토요타에는 한 장의 서류를 준비해 일을 진행시킨다는 업무 문화가 있으며, 그 이유는 사전에 충분히 생각한 상태에서 커뮤니케이션에 임할 수 있다는 장점이 있기 때문이다.

자신과 타인을 위한 업무 습관

덧붙여 한 가지 더 한 장으로 요약하는 이유를 생각해보자. 직장 동료 네 명과 회의를 하는 상황을 떠올려보자.

회의실 테이블에 네 사람이 앉아 있다. 눈앞에는 이번 회의를 주재한 사원 A씨가 만든 한 장의 자료가 놓여 있다. 주제는 A씨의 업무 보고다. A씨는 한 장의 자료를 만드는 과정에서 사전에 깊이 생각했기 때문에 서두에서 "오늘 보고하고 싶은 포인트는 크게 세 가지입니다"라며 협의를 시작한다. 그 후 "우선은 포인트 1로서 가지고 계신 자료를 보시기 바랍니다"라는 말로 포인트 1이 소개된다. 다음에 "왜 이번에 이 점에 대해 보고를 드려야 하는가 생각해보니 이유는 세 가지가 있습니다" 하면서 이유 설명이 자연스럽게 이어진다. 마지막으로 "이러한 상황에 입각해 앞으로는 다른 세 가지 점에 대해 실행하려고 생각하고 있습니다"라는 이야기가 더해져 보고는 완료된다. 이러한 과정에 소요되는 시간은 불과 3분 정도다. 다른 사람들은 몇 군데 신경이 쓰였던 점에 대해 A씨와 질의응답을 하고 회의는 10분 정도 소요되고 종료된다. 어떤가? 한 장을 준비하는 이유는 자기 나름대로의 견해를 깊이 생각하고 요약하기 위해서만은 아니다. 단시간에 자연스럽게 전달하기 위해서이기도 하며 또 하나 빠뜨리기 쉬운 이유인데 '타인의 시간을 빼앗지 않기 위해서'이기도 하다.

한 장의 서류를 준비하면 단시간에 요점만을 전달할 수 있다. 자신이 전하고 싶은 안건을 잘 전달하기 위해서임과 동시에 동료나 상사, 거래처나 고객의 시간을 빼앗지 않기 위해서이기도 하다. 반대로 만약 한 장이 없었다면 어떤 협의가 되었을까? 우선 '몇 개의 안건에 대해 보고를 하고 싶은가?'가 정해져 있지 않기 때문에 듣는 사람들은 그 파악부터 해야만 한다. 결과적으로 불필요한 시간이 허비될 뿐만 아니라 시간을 들인 결과 아직 보고할 수 있는 수준에 도달하지 않았다는 판단이 내려지면 다시 한 번 보고서를 작성해야 할지도 모른다. 이와 같은 풍경이 일상화되어 있는 직장도 적지 않을 것이다. 당신 회사는 어떤가?

개선도 PDCA도 '한 장' 나름

지금부터는 한 장의 서류라는 키워드와 토요타 용어를 연결해 설명하겠다. 토요타 용어 중 제일 먼저 기억나는 것은?' 하고 물으면 뭐라고 대답할 것인가? 지금 설명하고 있는 '한 장의 서류를 준비한다'는 제외하고 말이다. 아주 잠깐이라도 좋으니 생각해보자. 어떤가? 이 질문에 대해 많은 독자들은 '개선'이라는 키워드를 말하지 않을까? 토요타 용어로서 가장 유명한데, 무엇을 의미하는 것일까? 우선은 내 나름대로의 견해를 말하자면 개선이란 항상 현재 상태에 만족하는 것이 아니라,

- 좀 더 단시간에
- 좀 더 적은 인원수로
- 좀 더 적은 예산으로

현재 이상의 결과물을 낼 수 있는 방안을 생각하면서 일을 하는 것을 의미한다. 단지 생각하는 것만이 아닌 실천하며 돌이켜보고, 또 생각하고 실천하는 것. 이 반복되는 과정이 바로 개선이다. 일련의 개선의 흐름은 아래와 같다.

- 생각하고 = Plan
- 실천하고 = Do
- 돌이켜보고 = Check
- 또 실천한다 = Action

이 첫머리 글자를 따서 'PDCA'사이클이라고도 불리며 개선과 세트로 기존의 토요타 관련 책에서 많이 소개되었다. 그런데 왜 토요타에서는 개

선이 업무 문화로 정착되어 있을까?

그 이유는 간단하다. 토요타에서 일하는 사람들의 손에는 항상 'Plan'을 요약한 '한 장'이 있기 때문이다.

이제 '한 장'과 '개선'이 연결되었다. 토요타 시절 나는 홈페이지 개선 프로젝트를 담당하고 있었다. 이 업무를 아주 간단히 바꿔 말하면 요컨대 회사의 얼굴인 토요타의 홈페이지를 근본부터 다시 만드는 일이었다. 이 프로젝트가 시작되고 나서 처음 약 6개월간 나는 오로지 한 장의 보고서 작성만을 했다.

보고서라고 하면 딱딱하게 들릴지도 모르겠지만 간단히 말하면 "이 내용으로 다시 만들어서 좋군요"라는 것을 한 장으로 요약한 종이고 PDCA 중에서 'P=기획'의 과정에서 꼭 필요한 서류를 만들고 있었던 것이다. 반복된 협의나 보고를 통해 "좋아, 다시 만들어!"라는 사인을 10개 정도 받은 후 겨우 홈페이지 제작에 착수했다. 그 수가 대략 천 페이지 이상이나 된다. 이 정도 규모의 큰 프로젝트라면 당연히 여러 가지 문제가 발생한다. 한 달 정도 지났을 때 기획의도에서 벗어난 말을 하는 사람이 조금씩 나타나기 시작했다. 예를 들면,

A씨 : "아사다 씨, 난 이쪽 디자인이 좋다고 생각해!"

B씨 : "아사다 씨, 이 기능 추가해도 되나요?"

C씨 : "아사다 씨, 여기는 고치기 힘드니까 나중에 하고 싶은데요."

그렇게 고생하며 애초 'Plan'에서 합의했던 것은 도대체 뭐였는가? 하는 생각이 들었다. 나는 A씨, B씨, C씨 앞에서 이렇게 이야기했다. "잠시 출발점을 돌이켜볼까요?"라고 말하고 기획 단계에서 모두가 합의한 '한 장'의 보고서를 꺼내 함께 보면서 물음을 되풀이해갔다.

- "이 프로젝트의 당초 목적이 무엇이었나요?"
- "A씨가 말씀하신 새 디자인으로도 목적을 달성할 수 있나요?"
- "C씨는 기획 시점에서는 시간에 맞출 수 있다고 말씀하셨죠? 도대체 무슨 일이 일어났나요?"

싱거울 정도로 간단한 동작이지만 단지 이렇게 한 것만으로도 충분히 궤도 수정은 가능했다. 한 장의 서류가 계기가 되어 프로젝트 매니지먼트, 직장 내 커뮤니케이션이 잘된 것이다. 그런데 여기에서 다시 PDCA에 대해 떠올려보자. 일반적으로 PDCA라고 하면 'P→D→C→A'라는 순서로 시간을 따라 진행되는 것처럼 생각된다. 그러나 내가 생각하는 PDCA는 다음과 같다.

- Plan = 기획이 한 장으로 요약되면,

- Do = 행동을 할 때 반복해 한 장을 보고,

- Check = Plan에서 벗어나지 않았는지를 확인하고,

- Action = 기획에서 벗어날 것 같으면 담당자와 한 장을 함께 보며 이해시키고 그 자리에서 궤도 수정을 한다.

즉, 'Do' 속에 'Check'와 'Action'이 포함되어 있다. 포인트는 'Check'를 할 때 필수가 되는 한 장으로 요약된 'Plan'의 존재다. 이렇게 말하면 서류는 당연히 있는 게 낫다고 모든 사람들이 납득을 하지만 실제로는 서류가 없는 채 일하고 있는 회사가 많다. 당신 회사는 어떤가? 혹은 서류는 있지만 프로젝트 멤버 전원이 50페이지 기획서를 매일 들고 다니며 일하는 그런 모습을 과연 상상할 수 있을까? 간신히 기획을 통과시키는 단계를 끝으로 각자 책상에 수십 페이지 서류만 쌓여 있을 뿐 이것으로 업무 발전은 더 이상 없다. 그렇기 때문에 한 장으로 해야만 한다.

토요타의 한 장으로 일하는 방식을 일반화하다

컨설팅 회사인 맥킨지 연수 때 사람들이 배우는 내용 중 하나가 '하늘ㆍ

비 · 우산의 프레임워크'다. 어려운 이야기가 아니니 우선은 하늘을 올려다보자.

- 서쪽에 잿빛 구름이 보이는군.
- 바람은 서쪽에서 동쪽으로 불고 있군.
- 지금 기온은 20도 정도군 등, 하늘에 관한 정보를 모아보도록 하자.
- 이제부터 외출하면 1시간 정도 후에 비를 맞을 것 같군.

그렇다면 대책으로는, 다음과 같은 방법이 있을 것이다.

- 우산을 가져간다.
- 혹은 외출을 자제한다.
- 이 사실을 주위 사람들에게 알린다.

극단적으로 단순화시키긴 했지만 이러한 정보의 정리, 진단, 행동이라는 일련의 흐름이 컨설팅이고 모든 업계나 업종에 공통된 보편적인 일을 진행시키는 방식이기도 하다. 매우 간단해 보이지만 이것이 '하늘 · 비 · 우산 프레임워크'가 의미하는 것이다. 그런데 이 프레임워크가 보편적인 것인 이상 당연히 지금까지 소개한 한 장의 서류를 사용한 토요타의 일하는 방식에도 적용 가능할 것이다. 예를 들어 내가 담당했던 토요타 홈페이지에 새로운 콘텐츠를 추가하는 것을 생각해보자. 추가할 때 나는 아래의 질문을 스스로에게 했다.

- 새롭게 추가하고 싶은 콘텐츠는 어떤 내용인가?
- 왜 새 콘텐츠가 필요한가?
- 어떻게 해서 콘텐츠화 할 것인가?

질문을 던진 후 우선 토요타 홈페이지와 경쟁사 홈페이지에 관한 정보 정리를 한다. 맥킨지의 '하늘'에 해당한다.

그 후 모은 정보를 기본으로 해서 생각을 요약한다. 이것이 '비' 단계다.

마지막으로 생각한 결과를 한 장으로 요약해 주위에 전하며 적용한다. 이것이 '우산' 단계다.

요약하면 토요타에서 일하는 사람들은 한 장의 서류를 만들면서 아래의 세 과정을 거친다.

① 한 장으로 생각의 토대가 되는 정보를 정리한다.
② 한 장으로 정리한 정보를 토대로 자기 나름대로 생각을 정리한다.
③ 한 장으로 상대가 이해와 공감을 할 수 있도록 전달한다.

한 장으로 작성한다는 동작을 통해 토요타에서 일하는 사람들은 위의 ①②③의 능력을 단련시키고 있다고 말할 수 있다. 맥킨지가 말하는 이 보편적인 일의 진행방식을 7만 명이나 되는 사원이 매일 우직하게 한 장의 서류를 작성하면서 담담히 실천하고 있는 것이다.

2 액셀 1의 작성법

액셀 1이란 무엇인가?

액셀 1은 이름 그대로 노트를 액셀 화면처럼 사용한다는 의미로, 실제로 토요타에서 일할 때 나는 매일 액셀 화면을 보면서 서류를 만들었다. 이 액셀 1을 작성하면 누구든 단시간에 정보를 정리하고 생각을 요약해 효과적으로 전달하는 것이 가능해진다.

액셀 1의 작성법

우선 녹색, 파랑, 빨강의 3색펜과 종이 한 장을 준비하자.

A5 혹은 B5 사이즈의 노트를 가로로 해서 사용할 것을 추천한다. A4 복사 용지라도 상관없다. 준비가 되면 아래와 같이 틀을 만들자.

우선 녹색펜을 사용해 세로선과 가로선을 긋고 네 개의 틀을 만든다. 이어서 세로선을 두 개, 가로선을 두 개 추가해 합계 16개의 틀을 만든다. 다음으로 녹색펜을 사용해 왼쪽 위 제1 틀에 아래 두 가지 정보를 기입한다.

액셀 1			
날짜: 주제:			

그런 다음 주제에 대한 정보를 남은 틀에 넣으면 된다. '자기소개'가 주제라면 자신에 대한 키워드, '일 소개'가 주제라면 일에 대한 키워드, 'A씨와의 거래'가 주제라면 A씨가 이야기한 키워드…. 주제에 따라 계속해서 키워드를 기입한다. 순서는 단지 이것뿐이다. 이것뿐이지만 토요타 한 장의 본질인 틀을 준비하고 주제를 정해 매운다는 원칙이 제대로 반영되어 있다.

그리고 여기서 두 가지 사항을 덧붙이겠다. 틀수는 4개나 8개도 괜찮고

32개라도 상관없다. 틀을 나누는 방법은 주제에 따라 유연하게 바꿔도 된다. 다만 내가 실제로 매일 액셀 1을 사용해보고 혹은 수강자에게 전달하거나 다른 여러 노트에 해본 결과, 틀 갯수는 16개가 범용성이 가장 높다고 느꼈다. 또 하나는 날짜를 적는 이유인데 이것은 나중에 검색할 때 수단이 되기 때문이다.

3

액셀 1이 가져오는
세 가지 업무 개선 효과

케이스 1 : 거래처 담당자 이야기가 이해되지 않을 때

【개선 전】

A씨는 자동차 부품 제조회사에 근무하는 영업직 사원이다. 고객 기업을 방문했는데, 상담자는 자료도 준비하지 않았고 이야기도 전혀 정리되어 있지 않다. 요컨대 뭘 바라고 있는지 알 수 없고 그렇다고 "정리해서 이야기해 주십시오"라고 말할 수도 없는 상황이다. 어떻게 할 것인가?

【액셀 1으로 개선하기!】

상대 이야기가 정리되어 있지 않지만 무조건 이해를 해야만 한다. 이럴 때는 액셀 1이 나설 차례다. 우선 주제 부분에 "(상대의 이름)씨의 요구

는?"이라고 적어보자. 다음은 파란펜으로 바꾸자. 녹색은 틀 부분을 적을 때만 사용하고 파란펜은 틀에 적는 정보를 쓸 때 사용한다.

파란펜이 준비되면 남은 건 상대가 끊임없이 이야기하는 내용에 대해 일단 이것은 중요하다고 느낀 키워드를 적는다. 이 시점에서 너무 깊이 생각할 필요는 없다. 담담하게 채우는 것이 요령이다.

이 단계가 끝나면 이번에는 빨간펜이 나설 차례다. 이렇게 자신에게 질문을 해보자. '결국 이 사람은 무엇을 원하고 있는가?' 그 대답이 될 것 같은 키워드에만 빨간펜으로 동그라미를 친다. 하나의 키워드에만 동그라미를 하면 그것이 그대로 답이 된다. 만약 여러 키워드에 동그라미가 있는 경우에는 그 키워드끼리의 인과관계를 생각해 화살표로 연결해보자. 혹은 이런 질문을 해보자. '이 키워드의 공통점은 무엇인가?' 답이 보이면 여백에 그 답을 적는다. 이처럼 빨간펜은 동그라미나 화살표 연결, 추가 기입 작업을 통해 생각을 요약하는 과정을 돕는다.

녹색펜으로 틀을 만들고, 파란펜으로 정보를 정리하고, 빨간펜으로 생

각을 요약한다. 이것이 내가 주장하는 한 장 작성법의 기본적인 펜 사용법이다.

그런데 왜 색을 구분하는 것일까? 토요타 한 장의 특징은 읽어서 알 수 있는 것이 아니라 보고 아는 것이다. 그렇기 때문에 이렇게 색 구분을 해두면 한눈에 프레임, 정보의 정리, 사고가 구별돼 보인다. 토요타 직원들이 한 장을 적는 이유는 사고의 과정=사고회로를 상대에게 보여줄 수 있기 때문이다. 토요타는 결과뿐만 아니라 과정도 평가하는 회사다. 이처럼 3색펜을 사용해 누구든 쉽게 머릿속 생각을 재현할 수 있도록 한 것이 이 액셀 1이다. 또 한 장 워크숍 수강자들로부터는 이 방법에 의해 영업 보고서 작성 시간이 1시간에서 15분, 혹은 2시간에서 30분으로 단축되었다는 말을 들었다. 상대의 요구를 보다 빠르게 이해할 수 있게 도와주는 액셀 1. 꼭 시도해보자.

케이스 2 : 일의 우선순위를 정하지 못해 야근이 많을 때

【개선 전】

B씨는 제약회사에서 마케팅을 담당하고 있다. 결혼을 해 아이도 있다. 가족과의 시간을 좀 더 많이 보낼 수 있으면 좋겠다고 생각하면서도 출퇴근 시간만 왕복 160분이다. 회사에 출근하면 일은 산더미처럼 많다. 아침부터 열심히 일하고 정신을 차려보면 밤 9시가 지나 있다. 적어도 밤 12시

가 되기 전에 집에 도착하고 싶지만 업무는 여전히 많이 남아 있다. "아~ 오늘도 막차가….."

【액셀 1으로 개선하기!】

일을 조금이라도 더 효율적으로 하고 싶을 때도 액셀 1은 활약한다. 출근 후 자리에 앉자마자 종이 한 장을 준비해 액셀 1을 적는다. 주제는 '오늘 할 일'이다. 이처럼 주제를 바꾸는 것으로 액셀 1의 범용성은 점점 높아진다. 꼭 여러 가지 주제로 도전해보자. 2분간 생각이 나는 대로 오늘 할 일을 적는다.

이어서 빨간펜으로 바꿔 생각을 요약하는 과정으로 들어간다. 생각을 요약한다는 것은 바꿔 말하면 우선순위를 정하는 것이다.

우선 이렇게 질문해보자.

'이 중에서 특히 중요한 건 어느 것인가?'

그 대답을 최대 세 개까지 골라 빨간펜으로 동그라미를 친다. 이어서 '이 중에서 오늘 안으로 대응하지 않으면 곤란한 건 무엇인가?' 이것도 최대 세 개까지 골라 이번에는 삼각형으로 표시를 해본다. 첫 번째 질문과 겹치는 것이 있어도 상관이 없다. 그렇기 때문에 둘러싸는 모양을 굳이 바꾼 것이다. 마지막으로 '이 중에서 방치해두면 곤란해지는 건 무엇인가?' 같은 방식으로 최대 세 개까지 골라 이번에는 사각형으로 표시를 한다. 물론 앞선 두 개의 질문과 중복되어도 상관이 없다.

만약 여러 가지 형태의 빨간펜으로 둘러싸인 것이 있으면 그것이 우선 순위가 된다. 가장 먼저 해야만 하는 일인 것이다. 한편 여러 가지 형태로 둘러싸인 것이 없는 경우 우선은 삼각형으로 둘러싼 긴급도가 높은 세 가지를 우선 처리한다. 다시 말하면 이 세 가지 이외에는 '오늘 하지 않으면 곤란한 일이 아니다=오늘이 아니어도 괜찮다'라는 말이다. 따라서 무리해서 할 필요는 없다. 시간이 남으면 하면 된다.

이것이 액셀 1을 사용한 간단한 우선순위 결정법이다.

이러한 이야기를 다른 책에서 읽은 적이 있다고 해도 일상생활에서 사용하지 않으면 아무런 의미가 없다. 알고 있는 것보다 사용하고 있는지가 중요하다. 내가 만나온 일을 잘하는 사람들은 모두 후자 쪽에 가치를 두고 있었다. 그렇기 때문에 이 방법을 만약 '써먹을 수 있을 것 같다'고 느꼈다면 즉시 사용하기 바란다. 소요시간은 고작 3분 정도다. 필요한 도구도 한 장의 종이와 녹색, 파랑, 빨강의 3색펜뿐이다.

케이스 3 : 프레젠테이션 자료를 작성할 수 없을 때

【개선 전】

C씨는 화장품회사 기획부에서 근무하고 있다. 입사 후 5년간의 경험을 쌓아 바라던 기획 업무로 이동할 수 있었다. 지금까지 가지고 있던 여러

신상품의 기획을 제안 자료에 담아 사내 직원들을 설득하기 위한 프레젠테이션을 했다. 하지만 기획은 통과되지 않았다.

"뭘 말하고 싶은지 잘 모르겠어."

"열의는 전해지지만 내용이 좀⋯."

"이걸론 판단할 수 없어"라는 코멘트뿐이다.

도대체 어떻게 이야기하면 기획안을 통과시킬 수 있을까?

【액셀 1으로 개선하기!】

상대에게 이해하기 쉽게 전달하기 위해서 토요타에서 일하는 사람들은 필요한 정보나 자신의 생각을 사전에 한 장으로 요약한다. 그렇게 한 후에 회의를 열어 프레젠테이션 등을 실시한다. 앞에서 액셀 1으로 정보를 정리하고 생각을 요약하는 방법을 배웠다. 그렇다면 이번 고민에 대해서도 같은 대답을 할 수 있을 것이다. 도대체 어떻게 대응할 것인가?

우선은 액셀 1을 만들고 주제를 "신상품의 강점은?"으로 한다. 그리고 2분 정도 시간을 두고 생각이 나는 대로 그 키워드를 적는다. 빨간펜으로 바꿔 생각을 요약하는 과정으로 들어간다. 생각을 요약한다는 것은 "강점을 한 마디로 말하자면?"으로 대답할 수 있도록 하는 것이다.

모 기업의 예를 들면 '기초화장만으로 다섯 살 어려 보이는 피부를 실현'

과 같은 이미지다. 이 물음에 대답이 될 것 같은 키워드를 골라본다. 하나로 요약할 수 있으면 그것을 선택하고 어려우면 우선은 세 개 정도로 요약해 동그라미를 한다. 그리고 "이 세 가지의 공통점은?"이라고 자문해보고 공통점이 발견되면 그것을 여백 부분에 적는다. 이렇게 해서 자신이 제안하고 싶은 신상품의 강점을 만들어간다. 만약 도저히 요약이 안 되면 '두 가지 강점', '세 가지 강점'으로 요약해도 상관이 없다. 이것도 훌륭한 한마디다. 어쨌든 우선은 한 마디로 단언할 수 있도록 만드는 것이 중요하다. 그런데 아직 남아 있는 과정이 있다. "이것이 강점입니다"라는 말을 들어도 당연히 그것만으로는 납득할 수 없다는 사람들이 있다. "왜 강점이라고 말할 수 있는가?"에 대답할 필요가 있다. 그래서 다시 한 번 액셀 1을 만든다. 주제는 당연히 "왜 이것이 강점인가?"가 되고 파란펜으로 키워드를 적는다. 이어서 할 일은 "강점의 이유를 한 마디로 말하자면?"이라는 물음의 대답을 최대 세 가지 빨간펜으로 골라본다. 그 다음에 프레젠테이션을 듣는 입장이 되어 그 외에 어떤 것을 질문할지 생각해본다.

"어떻게 상품화할 것인가?"라면 "이 세 단계로 상품화합니다"라고 말할 수 있는 답을 만든다. "왜 지금 이 상품이 필요한가?"라고 물을 것 같으면 "이러한 시대 배경, 트렌드니까 필요합니다"라는 답을 적으면 된다. 그 외에 "누구를 위한 상품인가?"라면 "이런 사람을 위해서입니다", "어디에서 팔 것인가?"라면 "이 지역을 메인으로 판매합니다" 등등이다.

이렇게 몇 장을 반복한 후 각각의 물음과 대답을 프레젠테이션 자료에 반영하면 눈 깜짝할 사이에 프레젠테이션의 큰 틀이 완성된다. 남은 건 필요에 따라 데이터 등을 보강해서 완성하면 된다. 이상이 액셀 1을 사용한 프레젠테이션 자료 작성법이다.

마지막으로 많은 사람들이 느끼는 의문에 대한 설명을 추가하겠다.

"이거다!라고 요약한 것이 정말 제대로 한 것인지 자신이 없습니다."

이런 걱정을 하는 사람들이 의외로 많다. 만약 그렇게 느낀다면 본격적인 프레젠테이션 전에 우선은 주위에 있는 사람들에게 설명을 해본다. 그래도 만약 느낌이 오지 않는다는 말을 들으면 다시 한 번 액셀 1을 적는다. 어쨌든 한 장당 3분밖에 걸리지 않으니 반복해서 적어 다음 단계로 연결한다. 혹은 주위에 있는 사람과 함께 액셀 1을 메워가는 것도 괜찮다. 혼자서 고민할 필요는 없다. 어쨌든 계속 움직이는 것이 중요하다. 이것이 가장 중요하다.

한 장 작성법은 끝없이 개선하면서 일하는 방식이다. 내가 이 일하는 방식에서 중시하고 있는 것은 멈추지 않는 것, 정체하지 않는 것이다. 계속 움직이기만 하면 맞든 틀리든 일은 진행된다. 반대로 멈춰 있는 한 진전은 없다. 정확도를 높여가는 것도 불가능하다. 움직이지 않으면 맞는지 틀렸는지 자신도 주위 사람도 판단할 수 없기 때문이다. 따라서 멈춰 있을 여유가 있다면 우선은 한 장을 작성한다. 정보를 정리해 생각을 요약한다. 그렇게 한 후에 전달한다. 움직인다. 내가 토요타에서 매일 한 일은 본질적으로는 이것뿐이다.

"전 사람들 앞에서 말하는 게 서툴러서…"라고 말하던 사람이 액셀 1으로 프레젠테이션을 한 결과 "오늘 발표한 모든 멤버 중에서 가장 이해하기 쉬웠습니다", "굉장히 이해하기 쉬운 프레젠테이션 자료였어요. 나중에 보내주시겠어요? 제가 만들 때 참고하고 싶어서요" 등의 잇따른 호평에 스스로도 믿을 수 없었다고 한다.

다음은 당신 차례이길 바란다.

토요타에서 배운

종이 한 장으로
요약하는 기술

초판 1쇄 발행	2016년 4월 15일
초판 8쇄 발행	2020년 12월 28일
글쓴이	아사다 스구루
옮긴이	서경원
책임 편집	조은형, 무라야마 토시오
펴낸이	엄태상
디자인	이건화
마케팅	이승욱, 전한나, 왕성석, 노원준, 조인선, 조성민
경영기획	마정인, 최성훈, 정다운, 김다미, 전태준, 오희연
물류	정종진, 윤덕현, 양희은, 신승진

펴낸곳	시사일본어사(시사북스)
주소	서울시 종로구 자하문로 300 시사빌딩
주문 및 교재 문의	1588-1582
팩스	0502-989-9592
홈페이지	www.sisabooks.com
이메일	book_japanese@sisadream.com
등록일자	1977년 12월 24일
등록번호	제300-1977-31호

ISBN 978-89-402-9189-4 03320